Julius Schlosser

Die abendländische Klosteranlage des früheren Mittelalters

Julius Schlosser

Die abendländische Klosteranlage des früheren Mittelalters

ISBN/EAN: 9783743330962

Hergestellt in Europa, USA, Kanada, Australien, Japan

Cover: Foto ©ninafisch / pixelio.de

Manufactured and distributed by brebook publishing software
(www.brebook.com)

Julius Schlosser

Die abendländische Klosteranlage des früheren Mittelalters

DIE ABENDLÄNDISCHE

KLOSTERANLAGE

DES

FRÜHEREN MITTELALTERS.

VON

JULIUS SCHLOSSER.

WIEN.

VERLAG VON CARL GEROLD'S SOHN.

1889.

IN TREUER ERINNERUNG

DEM ANDENKEN

MEINES UNVERGESSLICHEN FREUNDES UND MITSTREBENDEN

KARL HECKE

(† 1887)

GEWIDMET.

VORWORT.

E s ist im Ganzen ein jungfräulicher Boden, den ich mit
der nachfolgenden Studie zu betreten wage. Einzelne
Forscher haben wohl hin und wieder einen Spaten-
stich gethan und das Gebiet flüchtig gestreift; quellenmässig in
seiner ganzen Ausdehnung ist es eigentlich noch nicht behandelt
worden. Das bekannte Werk von A. Lenoir: „Architecture
monastique, Paris 1852" berücksichtigt vorwiegend die spätere,
namentlich, wie es die Beschaffenheit der erhaltenen Denkmäler
mit sich bringt, die gothische Periode; für die ältere Zeit ist
es trotz des beigebrachten werthvollen Materials nicht genügend.
Und doch liegt gerade in dieser der Schlüssel zum Verständniss
der baulichen Anlagen, welche die spätere Zeit wohl erweitert
und künstlerisch ausgebildet, aber in ihren Grundzügen doch
nicht berührt hat; in dem wichtigsten, centralen Bestandtheil
der Klosteranlage, dem Kreuzgang, welcher für die ganze abendländische Entwicklung typisch und namengebend (claustrum)
geworden ist, wirkt eine bedeutsame antike Bauform bis in
unsere Tage fort.

Das Gesagte wird rechtfertigen, dass ich mich auf das
frühe Mittelalter beschränkt habe und über das X. Jahrhundert
im Allgemeinen nicht hinausgegangen bin. Nur Italien (namentlich dessen mittlere und südliche Landschaften) macht eine
Ausnahme; hier trägt ja die Kunst, bis in das XIII. Jahrhundert.
einen viel conservativeren Charakter als im Norden.

Es sei mir noch vergönnt, an dieser Stelle mit wenigen Worten meinem verehrten Lehrer Professor Dr. Franz Wickhoff den wärmsten Dank abzustatten. Ist doch die vorliegende Arbeit, aus dessen eigenen Forschungen hervorgewachsen, unter seinen Augen entstanden und durch fortwährende liebevolle Bemühung bis zur Drucklegung gefördert worden.

Wien, Juli 1889.

Julius von Schlosser.

ORIENTALISCHE ANFÄNGE.

Die ersten Spuren mönchischen Lebens finden sich bekanntlich bei den Stadtflüchtigen, den Anachoreten der ägyp-
tischen Wüste. Und auf den Ursprung aus dem Einsiedlerleben
deuten die Namen monachus und monasterium. Als „Vater des
Mönchthums" wird ja gewöhnlich der h. Pachomius angeführt,
welcher die zerstreut lebenden Klausner in festere Genossen-
schaften vereinigte; sein Werk setzte dann hauptsächlich
Basilius M. fort.

Ueber die nähere Beschaffenheit dieser ältesten Wüsten-
klöster sind wir aus den Vitae der heiligen Väter einigermassen
unterrichtet. Dass sie keineswegs architektonisch ausgezeichnet
waren, ist natürlich.[1] Hieronymus sagt in einem seiner Briefe
(ep. 22 ad Eustochium): Divisi sunt per decurias atque centurias,
ita ut 9 hominibus 10^{mus} praesit et rursus 10 praepositos sub
se centesimus habet. Manent s e p a r a t i, sed i u n c t i s c e l l u l i s.
Das Klausnerleben blieb also im Vordergrund, die Zusammen-

---

[1] Noch im VII. Jahrhundert waren die meisten Klöster des Abendlandes einfache Holzbauten. V. s. Eugendi c. 18 (bei Mab. A. SS. O. B, 1,
558): omne illud monasterium . . . . ex lignis fabricatum antiquitus. Und
noch im IX. Jahrhundert wird uns eine fast rührende Schilderung der Aerm-
lichkeit der Bauten eines sehr bedeutenden Klosters (Aniane) gegeben in
der vita S. Benedicti Anian. c. 14. (Mab. AA. SS. 4, 1, 189), wo mit einem
deutlichen Seitenblick auf die prachtvollen Klosterbauten des Jahrhunderts
gesagt wird: Non enim ornatis parietibus tegulisque rubentibus, vel pictis
laquearibus, sed stramine vilique maceria cooperire vel facere domos decreverat.

schliessung eine lose, die Mönche versammelten sich nur zu gemeinsamem Gebet und Mahle.

Für diese Klöster, die oft eine ganz unglaubliche Menge von Mönchen in sich vereinten, taucht zuerst der Name Coenobium auf, der ja später auch in's Abendland übergeht. Daneben sind in etwas anderer Nuancirung die Ausdrücke Laura, Mandra, nicht immer scharf geschieden, in Gebrauch.

Charakteristisch ist, dass die Erinnerung an das Anachoretenleben immer wieder anklingt. Sehr interessant ist hier eine Stelle aus der V. S. Gerasimi (bei Surius A. SS. I, 20. Jan.) c. 57 ... Gerasimus, qui Jordanis solitudinis civis fuit, ... cum maximam ibi lauram, quae non pauciores quam 70 anachoretas habebat, construxisset, et praeterea coenobium in medio eius optime conlocasset, curabat, ut qui introducebantur quidem monachi, manerent in coenobio, et vitam monasticam exercerent; qui autem crebris et longis se laboribus exercuerant, et ad perfectionis mensuras iam pervenissent, eos in iis, quae vocantur, cellis conlocans, sub hac iubebat vivere regula, ut 5 dies hebdomadae et quisque in sua cella sileret, nihil gustans quod esset esculentum nisi panem, et aquam et dactylos. Sabbata et Dominica venientes in ecclesiam, cum participarint sanctificata, coeto uterentur in coenobio et sumerent parum vini.

Die Einzelzellen der Mönche (die Laura) liegen also hier rings um ein gemeinsames Centrum (das Coenobium), in welchem sich Kirche, Refectorium, später Capitel befinden.

Und diese eigenthümliche Verbindung der Einsiedelei mit einem centralen Gemeinwesen, das wir Jahrhunderte später, freilich nur in logischem Zusammenhang, in der Karthäuserregel vorfinden, zeigt das orientalische Kloster bis auf den heutigen Tag. Auf dem berühmten Berge Athos in Macedonien hat sich eine ganze Reihe griechischer Klöster erhalten, die im Wesentlichen dieselbe Anordnung zeigen.[1]

---

[1] Vgl. darüber die Reisestudien Didron's in seinen Ann. archéol. 1845 und 1846. Unserem Plane gemäss können wir die morgenländischen Klöster nur kurz berühren; liegt doch auch die Kunstgeschichte des Orients noch sehr im Argen. Sehr interessant sind die Klosterbauten des innern Syriens,

Eine alte von Didron publicirte Zeichnung des Klosters
Rossicon (Ann. archéol. 5, 1846) gibt uns ein anschauliches
Bild einer solchen Anlage. Ringsum ist das Kloster von einer
hohen Mauer eingeschlossen, an die sich die Wohnungen der
Mönche anlehnen. Die Mitte der Area nehmen in strenger
Symmetrie die den geistigen und leiblichen Bedürfnissen gewid-
meten Hauptgebäude ein: 1. Die Kirche (τὸ καθόλικον) mit ihrem
Hintergebäude, der Bibliothek. 2. Das Refectorium (ἡ τράπεζα)
mit seinem Appendix Küche und Keller (μαγειρίον; φούρνος).
Zwischen Refectorium und Kirche befindet sich (und das bleibt
stereotyp) das Brunnenhaus (ἡ φιάλη). Ausserhalb des Kloster-
bezirkes befindet sich der Friedhof (κοιμητήριον).

Mehr einheitlich ist die S. Laura von Athos angeordnet,
welche nach Didron die älteste Anlage und das Prototyp der
übrigen hier befindlichen ist. (Ann. arch. 4, 140.) Hier finden
wir uns der abendländischen Anlage schon näher. Die ganze
Laura zerfällt in zwei streng geschiedene Theile, einen äusseren
profanen, mit den Gastwohnungen an der Pforte, und einen
inneren regularen. Aber in dem letztern prägt sich wieder der
eremitenhafte Charakter aus. In einzelne Zellen getheilt, schliessen
die Mönchswohnungen einen viereckigen Pfeilerhof, der einige
Verwandtschaft mit dem abendländischen Claustrum hat, ein,
in dessen Mitte das Katholikon steht. Die vierte Seite ist vom
Refectorium flankirt, welches so zugleich den passenden Uebergang zu den Profangebäuden bildet. Es hat die für den Orient

---

weil noch in die Römerzeit (V.—VII. Jahrhundert) zurückgehend. f. Vogué,
Syrie centrale I, pl. 22, 59, 60, 139. Das älteste dieser Klöster, die sämmt-
lich als monastoria clericorum (s. u.) anzusehen sind, ist das von Chaqqua (pl. 22),
doch ist der restaurirte Grundriss wohl nicht ganz verlässlich. Die Anordnung ist grösstentheils eine planlose und zerstreute, und so stimmt der Charakter
dieser orientalischen Stadtklöster ganz gut zu dem, was wir von den Lauren
wissen. Vogué macht die richtige Bemerkung (I, 1, 97): „Le convent propre-
ment dit n'apparaît pas encore ou du moins s'il existe virtuellement depuis
la constitution de la vie monastique, il ne possède pas, au point de vue
architectoral, l'organisation méthodique qu'il aura plus tard; les agglomera-
tions qui entourent certaines grandes églises semblent moins destinées à
l'usage des cénobites qu'à celui du clergé séculier et des fonctionnaires de
tout ordre qui composaient sa hiérarchie."

charakteristische Form eines Kreuzes mit drei Apsiden.[1] Zwischen ihm und der Kirche befindet sich traditionell die Cisterne. Diese Anlage weicht von der streng geschlossenen abendländischen sehr ab. Didron hat (Ann. arch. 5, 147) die feine Bemerkung gemacht: „L'individualisme et la vie materielle sont plus developpées en Grèce; la communauté et l'intelligence plus cultivées en Occident."

Eine kritische, auf moderner Forschung ruhende Geschichte des Mönchthums[2] mangelt uns noch durchaus. Wir sind daher über die Art, wie das Mönchthum im Abendlande Eingang fand, und namentlich über die Vorgeschichte des Mönchsordens p. e., der Benedictiner, sehr wenig unterrichtet. Zumeist wird ja angenommen, Athanasius habe auf seiner Flucht nach Rom die mönchische Institution des Orients nach Italien und damit dem Abendlande gebracht. Anfang des V. Jahrhunderts treffen wir ja schon ein anscheinend reich bevölkertes Kloster auf dem Felseneiland Capraria (bei Elba).[3]

In der That haben sich die Klostergründungen des Westens zunächst an orientalische Muster angeschlossen. Besonders eifrig wirkte in diesem Sinn Jo. Cassianus (im V. Jahrhundert). Seine Schriften: De institutione coenobiorum, l. XII, dann namentlich seine Collationes patrum geben davon vollauf Zeugniss.

Für Landklöster, namentlich territorial abgeschlossene, blieb die orientalische Anlage noch bis in's VIII. Jahrhundert vorherrschend. Sehr interessant ist der Bericht über die älteste Anlage von Abingdon (Abendonia) im VII. Jahrhundert unter Abt Heane.[4] Das Kloster hatte, wie es scheint, ovalen Grund-

---

[1] Diese Form erwähnt noch ein Athos-Reisender aus dem XVII. Jahrhundert, der griechische Arzt Jo. Comnenus bei Montfaucon, Palaeogr. graeca, 455 als σταυρός.

[2] Einzelnes bei A. Hauck, „Kirchengeschichte Deutschlands". Leipzig 1887, 1. 219—293.

[3] Rutil. Namatian. De reditu suo I, v. 439—448, ed. L. Müller. Ein Brief Augustins an Eudoxius, Abt von Capraria, ist noch erhalten. Die Mönche gehörten der Regel des Basilius an.

[4] De abbat. Abendoniae in chron. mon. de A. ed. Stevenson vol. II, append. II, 272: Habebat in long. 120 pedes et erat rotundum, tam in parte

riss (sehr bemerkenswerth) und war rings mit einer Mauer umgeben, in deren Umkreise sich die gesonderten 12 Zellen, jede mit einem Oratorium, befanden, in welchen je ein Mönch lebte. In der Mitte stand die Kirche und das Refectorium, in welchen die Brüder aber nur an Sonn- und Feiertagen zur Anhörung der Messe und zu gemeinschaftlichem Mahl zusammenkamen. Neben der Pforte befand sich ein Locutorium, wo die Mönche mit ihren Bekannten verkehren konnten; das Verlassen des Klosters war strenge untersagt. Wir haben also hier, verhältnissmässig spät, in einem der Hauptlande des Mönchthums, ganz die orientalische Lauren-Anlage. Der nächste Abt Aethelwold, der zugleich die Regel Benedicts einführte, renovirte Kirche und Zellen, liess aber die alte Anordnung bestehen. Merkwürdig ist das Bestreben, den runden Grundriss überall festzuhalten. Die Kirche war eine Rundkirche, der Thurm hatte Rundgestalt.[1]

Noch etwas später, im VIII. Jahrhundert, klingt in einem Gebirgskloster Piemonts, Novalese am Fuss des Mont Cénis sehr deutlich die alte Lauren-Anlage an.[2] Der Abt wohnte

---

occidentali quam in parte orientali. Fundatum erat hoc mon. in loco ubi nunc est cellarium monachorum .... In circuitu huius mon. erant habitacula 12 et totidem capellae, et in habitaculis 12 monachi ibidem manducantes et bibentes et dormientes; nec habebant clausum sicut nunc habent, sed erant circumdati muro alto, qui erat eis pro claustro .... nec aliquis morabatur nis tantum monachi 12 illi et abbas 13us habebant juxta portam domum pro locutorio, in qua cum notis et amicis, si forte necessarium, loquebanturi Diebus dominicis et praecipuis festivitatibus simul conveniebant, et in ecclesia missam celebrabant et simul manducabant.

[1] A. a. O. 277.
[2] Chron. Noval. II, 1: Antiquis vero temporibus ... mos erat illorum abbatum ob iura sanctitatis custodienda, remoti vel separati manere cum aliquantis senis senioribus ad ecclesiam Domini Salvatoris. Aliorum autem caterva senum, quorum multitudo in unam habitare non quibat, in diversis cellulis in circuitu manebant ecclesiarum, de quibus tuguriolis, nisi cum nimia infirmitas obstitisset, oportunis horis ad capitulum et ad mensam pariter occurrebant. Turba iuvenum fratrum regularium omnis summa cum custodia infra claustra inclusi retinebantur monasterii. Erat autem vallis ipsa valde decora, hominibus copiosa et perlustrata ecclesiis, capellis, Deo in orationibus ubi tantus monachorum orabat exercitus, in qua nonnullae erant ecclesiae, in quibus divisi

mit einigen älteren Mönchen gesondert bei der Salvatorkirche, die Schaar der übrigen älteren Genossen in getrennten Zellen in den verschiedenen (a. a. O. I, 3 aufgezählten) Kirchen, welche sie nur zum gemeinschaftlichen Mahl und zum Convent verliessen. Ob die neue claustrale Anlage sich hier schon bemerklich machte, bleibt ungewiss; denn die claustra monasterii, in welchen die jüngeren Brüder mit ihren Aufsehern eingeschlossen waren, kommen wahrscheinlich nur auf Rechnung der Ausdrucksweise des Chronisten im XI. Jahrhundert. Dieser knüpft an die damals schon zur Curiosität gewordene Anlage eine längere Betrachtung, wobei er auch die von uns angezogene Stelle des Hieronymus citirt; er ist sich also der Analogie mit dem Orient recht wohl bewusst.

Ueber die Oratorien erfahren wir Näheres aus der V. S. Martini des Sulpicius Severus II, 1: Oratoria passim bina, aliquando terna, immo et plura, princeps non raro basilica vocabatur, et ecclesia. Alia oratoria erant pro infirmis et pro iis, qui aut secretius orare aut e communi coetu secedere volebant; processu temporis etiam unum pro famulis. Das ist wohl die erste Spur der Spitalkirchen.

Es konnte nicht fehlen, dass bei diesem lockeren Zusammenhange der Klosterangehörigen die Disciplin gefährdet wurde. Wiederholt beschäftigten sich die Concilien mit der Frage einer grösseren Centralisation, so das gallische Concil von Agde (506). Dort wurde (Conc. Agath. can. 38) festgesetzt: „ne monachis ad solitarias cellulas liceat a congregatione discedere, nisi forte probatis post emeritos labores, aut propter infirmitatis necessitatem asperior ab abbatibus regula remittatur, quod ita demum fiat, ut intra eadem monasterii septa manentes sub abbatis tamen potestate separatas habere cellulas permittantur. Abbatibus quoque singulis diversas cellulas aut plura

praedicti manebant monachi seni vel dundeni, qui omnes cibo et vestimento a seniore accipiebant monasterii. Coenobitae ergo ut diximus, hi sunt, qui plures in commune habitant, ut b. Hieronymus ad virginem Eustochium inter alia dicit (cf. die Stelle oben). Si vero quis aegrotare coepisset, transferebatur ad exedram latiorem et tanto seuum ministerio fovebatur etc.

monasteria habere non liceat, nisi tantum propter incursum hostilitatis intra muros urbis receptacula, quae hospitia vocant, collocare." [1]

Diese Bestimmungen scheinen namentlich in Gallien lebhaften Wiederhall gefunden zu haben. Denn schon im Jahre 510 führte Abt Augendus in dem Kloster Tarnatum (s. Oyand am Jura) die Reform durch, dass alle Brüder in einem Hause mit dem Abt vereint waren, ihre Mahlzeit hielten und in gesonderten Betten schliefen. [2]

---

[1] Schon 465 bestimmte das Conc. Venet. can. 7, dass kein Mönch ohne Erlaubniss des Abts sich in eine Sonderzelle zurückziehen dürfe. Aehnlich Conc. Aurelian. I, 22, Cf. Hauck a. a. O. 225.

[2] Mab. Ann. I. App. 2, 679. Iste etiam refutato archimandritarum orientalium more, utilius omnes univit in medium. Destructis namque mansionum aediculis, uno cuncto secum xenodochio quiescere fecit; ut quos causa unitae refectionis una claudebat aedicula, discretisque lectulis una ambiret et mansio.

II.

DIE BENEDICTINER UND DAS CLAUSTRALE PRINCIP.

In selben Jahrhundert, dem sechsten nach Christi Geburt, trat der Mann auf, von dem eigentlich das Mönchthum des Abendlandes datirt, Benedictus von Nursia († 543).

Wie er das gesammte Mönchswesen überhaupt reorganisirt hat, so wendete er auch auf die Frage der Centralisation sein Augenmerk. Er schliesst sich, wie er in der Einleitung zu seiner Regel[1]) sagt, den Coenobiten an. In cap. 66 spricht er einen Satz aus, der gleichsam das Programm des ganzen späteren Mönchthums im Abendlande bildet: monasterium autem, si fieri potest, ita debet construi, ut omnia necessaria, id est aqua, molendinum, hortus, pistrinum vel artes diversae intra monasterium exerceantur. Das Kloster soll einen Staat, eine Stadt für sich bilden, möglichst einer Entlehnung von aussen nicht bedürftig sein. Hand in Hand geht damit die engste Verbindung der Mönche unter einem Oberen, der den orientalischen Titel Abbas führt.

Es ist hier unnöthig, von der ungeheuren Bedeutung des Benedictinerordens für die europäische Gesittung und Geistesentwicklung zu sprechen. Von diesem Gesichtspunkte aus betrachtet, erscheint das echt französische, begeisterte Wort Viollet-Le-Duc's, die Regel des h. Benedict sei „peutêtre le

---

[1]) Holstenius, Cod. regular. I.

plus grand fait historique du moyen âge" (Diction. I, 243) kaum übertrieben.

Was war aber der architektonische Ausdruck dieser grossen Idee? Das Bild, welches uns die später zu besprechenden Hauptquellen, namentlich der Bauriss von St. Gallen und der Ordo Farfensis bieten, das, was wir claustrale Anlage nennen wollen. Ihr Grundtypus ist ein streng centralistischer, das Claustrum mit den es umfassenden, nach aussen hin abgeschlossenen regularen Baulichkeiten und im Umkreise die Nutz- und Wirthschaftsgebäude.

Es tritt nun an uns die Frage heran, wann kommt diese Anlage zuerst auf und woher hat sie ihren Ursprung genommen?

Ob Benedicts Klostergründungen, namentlich Montecassino, directen Einfluss hatten, ist mit Sicherheit nicht zu entscheiden. Aus Gregors Dialogen (2, 35) erfahren wir, dass die Mönche sich in einzelne zusammenhängende [1]) Zellen zum Schlafe zurückzogen. Benedict selbst bewohnte merkwürdigerweise mit seinem Jünger Servandus einen Thurm (ein zweistöckiges Gebäude, das auch in den römischen Villen turris heisst?), der noch zu Mabillon's Zeiten in Montecassino gezeigt wurde.

Nun hat Mabillon (Ann. O. B. I, 4, 18) „ex vetere codice" (er gibt nichts Näheres an) eine verstümmelte und fragmentarische Beschreibung dieses „Thurms" veröffentlicht, die, wie aus der Erwähnung des Petronax [2]) allem Anschein nach hervorgeht, wirklich dem VIII. Jahrhundert angehört. Sie lautet: „In turri iuxta S. Martinum in fenestra alta quae est contra Capuam vidit S. Benedictus animam Germani Capuani episcopi......

......In poïo (i. e. porticu, Mab.), quae est in dormitorio ante portam de turre, solsit (i. e. solvit, Mab.) rusticum et ibi corruit Totilas. In refectorio quod est iuxta ipsum dormi-

---

[1]) Das geht wohl aus den Bestimmungen der Regel in c. 66 (namentlich für den Pförtner) hervor.

[2]) Derselbe Abt, den Gregor III. 718 zur Wiederherstellung des zerstörten Montecassino entsandte.

torium, profetavit de Roma. In turre ipsa scripsit regulam ...
In fronte ipsius dormitorii et de S. Martino fecit cerbenera
(et hoc obscurum, Mab.) ..... ante altare biancco faciebant
officium Graeci et Latini, sicut praecepit Petronax abbas
Casinensis."

Das Oratorium S. Martini ist die uralte auf Benedict
zurückgehende Capelle im W. des Klosters, die von Petronax
renovirt wurde (vgl. unten). Von dem Dormitorium wird, wenn
anders Mabillon's Ergänzung richtig ist, ein porticus erwähnt.
Das würde denn doch auf einen Kreuzgang hindeuten. Auch
sonst ist die Anlage schon völlig claustral. Wir haben die
Kirche mit dem anstossenden „Thurm" Benedicts, ferner schliessen
sich das Dormitorium (ante portam de turre) und diesem
das Refectorium an.

Der Bericht ist nun allerdings mit Vorsicht aufzunehmen.
Stammt er wirklich aus dem VIII. Jahrhundert, so ist damit
erwiesen, dass man schon im Beginne desselben diese alten
Gebäude (die Petronax restaurirte), mit anderen Worten diese
claustrale Anlage auf Benedicts Zeiten zurückführte.

Während des VI. und VII. Jahrhunderts finden sich allerdings Spuren der claustralen Anlage. [1] Höchst interessant in
dieser Beziehung ist die einleitende Bemerkung der Regel des
Isidorus Hispalensis (Holsten, 1, 188) c. 1: Monasterii autem
munitio tantum ianuam extrinsecus habeat, unumque porti-

---

[1] In Gallien allerdings gewinnt die Benedictinerregel während des
VI. und VII. Jahrhunderts nur langsam Boden, es macht sich sogar eine
gewisse Opposition geltend. Vgl. Hauck, a. a. O. 239. Interessant ist der
Uebergang vom monasterium zum coenobium (über deren endliches
Ineinanderfallen, auch in sprachlicher Beziehung, s. u.), wie er sich im 14 can.
des 3. Concils von Tours 567 darstellt: nec liceat monachis cellulas
habere communes, ubi aut bini maneant aut peculiares reponi possint;
sed schola labore communi labore communi construatur, ubi omnes iaceant,
aut abbate aut praeposito gubernante, ut dum duo vel tres vicissim legant
et excubent, alii consolentur, ut non solum sit custodia corporum,
sed et surgat pro lectione assidua profectus animarum (Mansi, coll. conc. 9).
In der Laura (s. o. die Stelle aus der v. Gerasimi) bildete nur allsonntäglich
Kirche und Refectorium den Vereinigungspunkt.

cum, per quem eatur ad hortum. Villa sane longe remota debet esse a monasterio. . . Cellulae fratribus iuxta ecclesiam constituantur, ut possint properare quantocyus ad officium. Locus autem aegrotantium remotus erit a basilica, vel cellulis fratrum, ut nulla inquietudine vel clamoribus impediantur. Cellarium monachorum iuxta coenaculum esse oportet, ut secus positum sine mora mensis ministerium praebeat. Hortulus sane intra monasterium sit inclusus, quatenus, dum intus monachi operantur, nulla occasione exterius evagentur. Ausdrücklich wird also gesagt, dass die Mönchszellen um die Kirche angeordnet sind, auch ein Speisesaal (coenaculum) und Keller werden erwähnt, ferner schon ein eigenes Krankenviertel. Der Garten, zu dem eine Hinterthür aus den regularen Baulichkeiten führt, befindet sich innerhalb der Klostermauern. Die Wirthschaftsgebäude, die villa, sind in den Complex noch nicht einbegriffen, sie sind nach Thunlichkeit weit hinausgeschoben. Wie in cap. 6 gesagt wird, beschäftigen sich die Brüder weder mit Landwirthschaft noch mit dem Aufbau der Gebäude, das ist den Hörigen überlassen. In der Concentration wie auch in anderen Punkten ist der Einfluss der Regel Benedicts deutlich fühlbar.

Im Uebrigen sind wir meist auf spätere Beschreibungen angewiesen, wobei nicht ausgeschlossen ist, dass die Berichterstatter die Verhältnisse und Anschauungen ihrer Zeit auf die frühere Periode übertragen. Vollkommen ausgebildet tritt uns die Claustralanlage in der zweiten Hälfte des VII. Jahrhunderts in Jumièges entgegen, wo der h. Philibert Kirche und Kloster erbaute.[1] Für die Geschichte der Klosteranlagen ist diese That-

---

[1] V. S. Filiberti abb. Gemetic. (Mab. A. SS. Saec. 2. ad a. 684) c. 7: ubi eius providentia construxit per quadrum moenia turrita mole surgentia, claustra receptionis mira, adventantibus opportuna. Introrsus domus alma fulget habitantibus digna: ab Euro surgens ecclesia crucis instar erecta, cuius apicem obtinet b. Virgo Maria . . . Operosa anxis claustra comitantur arcus, variumque decus oblectans animum, cinctum triumphantibus lymphis. Duplex vergens ad Austrum 290 ped. long. 50 In lat. eminet domus quiescendi obtentu. Singula per lecta lux radiat fenestras, vitrum penetrans, lychnus fovet adspectus legentis. Subter aedes geminae duobus ofheiis oppor-

sache von besonderer Wichtigkeit, seit Hugo Graf (Opus francigenum, Stuttgart 1878, 100 f.) nachgewiesen hat, dass die Anlage des Klosters Gemeticum einen grossen Einfluss auf die karolingischen Klöster, speciell das architektonisch wichtige Fulda hatte. Fulda steht aber in nahem innern Zusammenhang mit einer uns genau bekannten karolingischen Klosteranlage, St. Gallen. Aus dem VII. Jahrhundert stammt auch, wenn Hübsch's Bestimmung richtig ist, der älteste uns erhaltene Kreuzgang, in der kleinen Abtei S. Vincenzo ed Anastasio alle tre fontane bei Rom.[1]) Die Details weisen allerdiugs auf sehr hohes Alter. Die Oeffnung der Arkaden in je drei gekuppelten Bogen erinnert an den Kreuzgang von St. Gallen. Das Claustrum ist also hier schon vollkommen ausgebildet.

Es tritt nun an uns die Frage nach dem Ursprung dieser Anlage heran.

Bekanntlich wird ja die ausgebildete mittelalterliche Klosteranlage, wobei man sich hauptsächlich auf den St. Gallener Plan stützt, auf die alte römische Villa[2]) zurückgeführt. Irre ich nicht, so war es zuerst die französische Archäologie, welche diese These aufstellte. Es lässt sich ja nicht leugnen, dass sie auf den ersten Blick viel Bestechendes hat. Dass man sich zu einer Zeit, wo antike Lebensführung noch unverkürzt fort-

tunae. Hinc falerna servanda conduntur, hinc prandia clara parantur; ibique conveniunt qui digne Christo deserviunt etc. Schon für das VI. Jahrhundert wäre die claustrale Anlage durchaus erwiesen durch eine Urkunde des Burgunderkönigs Guntram I. vom Jahre 584 (bei Pertz M. G. DD. 1, 129) für S. Marcel in Châlons. Das Ganze ist aber leider eine ungeschickte Fälschung des XI., vielleicht XII. Jahrhunderts und daher nur für diese Zeit zu gebrauchen.

[1]) Hübsch, die a.-chr. Kirchen, T. 45 und 46. Platner-Bunsen, Beschr. Roms 3, 1.

[2]) Zur Literatur über die Villen: Félib. des Avaux, Les plans et les descript. des deux maisons de champ de Pline, London 1707 R. Castell, The villas of the ancients ill., Lond. 1728: Hirt, Gesch. d. Bauk. Berlin, 1827, 3, 289 (dazu Taf. 28 f.); Becker-Göll, Gallus, Berlin 1880⁴, 2, 213. Marquardt-Rein, Privatleben d. Römer, 1, 213. Woermann, Die Landschaft i. d. Kunst der a. Völker, Leipzig 1876, 373; F. Hettner, Zur Cultur von Germania und Gallia Belgica, Westdeutsche Ztschr. 2, 13.

bestand, sich an antik-römische Muster anlehnte, erscheint
nicht auffallend.

Wir haben bei der antiken Villenanlage vor Allem zu
unterscheiden zwischen der villa urbana, dem städtischer Anlage genäherten, luxuriös ausgestatteten Landaufenthalt der
vornehmen Römer, von welcher uns Reste in allen Theilen
des einstigen Imperiums nicht minder als die kampanischen
Wandgemälde Zeugniss geben, und der villa rustica, der einfachen, dem praktischen Zweck gewidmeten Anlage, über die
uns hauptsächlich die landwirthschaftlichen Schriftsteller unter-
richten.[1])

Ueber die erstere sind wir in jeder Hinsicht besser unterrichtet; Beschreibungen sind vom ersten christlichen Jahrhundert
bis in die Merowingerzeit hinein erhalten geblieben. Der classi-
sche Zeuge ist hier Plinius d. J., der uns in zweien seiner
Briefe (2, 17 und 5, 6) eine detaillirte, freilich nicht immer
klare Schilderung seiner beiden Landgüter Laurentinum und
Tuscum gibt.

Die Reconstruction dieser beiden Villen bleibt eine miss-
liche Sache; sie ist oft versucht worden, aber ohne sonderliches
Glück.[2]) In der That sind ja diese glänzenden Luxusbauten
ihrer Bestimmung gemäss eine Domäne des frei waltenden
künstlerischen Geschmackes, mitunter der Laune. Bestimmte
Gesetze lassen sich hier ebensowenig wie für einen modernen
Bau dieser Art angeben; da entscheidet Neigung und wech-
selnder Geschmack des Besitzers. Im Allgemeinen ist ja die
Disposition des römischen Hauses von Einfluss,[3]) nur in die

---

[1]) Diese Scheidung findet sich auch bei den Villen auf rheinischem
Boden. Die Luxusvilla zeichnet sich hier durch ihre langgestreckte Front mit
vorgelegter Veranda (abweichend von der südländischen Anlage) aus. Bemerkenswerth ist, dass sich keine Spur eines atrium compluviatum findet
(s. u.). Hettner a. a. O. 15.

[2]) Die interessanteste, freilich ganz frei-geniale Lösung rührt von
Schinkel her. (Berliner Architekten-Album.)

[3]) „Genau nach städtischem Vorbild ist das Landhaus, die villa pseudo-
urbana angelegt. Es setzt sich zusammen aus einer verwirrenden Menge von
Atrien, Peristylen, Triclinien, Palaestren, Portiken und Kryptoportiken, die

14

fröhliche Weite und Ungebundenheit des Landlebens übertragen. Den Eingang bildet altem Herkommen gemäss (ex more veterum 5, 6) ein Atrium, weiterhin folgt das Triclinium, Schlafgemächer und heizbare Zimmer, dann ein weiter Säulengang, in dem das Peristyl des Stadthauses nachklingt. Dieser kommt auch unter dem Namen cryptoporticus bei Plinius und Sidonius Apollinaris vor. Es scheint ein tiefer gelegener, deshalb schattiger Umgang zu sein, auf dem ein zweites Stockwerk aufsitzt (ein erhaltenes Beispiel in der sogenannten villa suburbana des Diomedes.[1])

Der uns interessirenden Zeit näher stehend ist die Beschreibung des Landgutes Avitacum bei Sidonius Apollinaris (Epp. 2, 2), in sichtbarer Nachahmung seines Vorbildes Plinius geschrieben. Doch geht diese Beschreibung so auf Stelzen, dass noch weniger ein klares Bild zu gewinnen ist. Einzelne Details werden uns später beschäftigen.

Was wir aus diesen Nachrichten erhalten, ist die Vorstellung von grossen, verschwenderisch ausgestatteten Räumen, bei denen es vor Allem auf üppige Bequemlichkeit und glänzende Repräsentation abgesehen war; prächtige Säulengange mit lauschigen Gartenplätzchen wechselnd, Aussichtsterrassen auf Meer und Gebirge; gar oft werden wir, namentlich durch die launenhaft zurechtgestutzten Bäume und Hecken, an das Rococo erinnert.

In Bezug auf die villa rustica sind wir viel schlechter unterrichtet. Die ältesten Schriftsteller Cato und Varro geben darüber nur dürftige Andeutungen. Am ausführlichsten verbreitet sich über Anlage der villa rustica erst ein Schriftsteller der Kaiserzeit, Columella.[2]) Er unterscheidet (was im Uebrigen

---

unter sich nur durch den Gedanken verknüpft sind, dem Besitzer zu jeder Tageszeit die grösstmögliche Bequemlichkeit zu bieten. Eine Reihe lieblicher Bilder, anmuthiger Einzelheiten liess sich derart schaffen, aber keine Einheit." Nissen, Ital. Landeskunde, 1, 459.

[1]) Vgl. die Schilderungen von Statius, Silvae 1, 3; Philostrat. mai. Imagg. 1, 8; Venant. Fortunat. 1, 16, 18, 19.

[2]) De re rust. 1, 6 in Schneider's SS. rei rust. 2: Modus autem membrorumque numerus aptetur universo consepto et dividatur in tres partes,

sonst nicht vorkommt) drei Theile, die villa urbana (= dem praetorium, Herrenhaus), rustica (Gesindewohnung) und fructuaria (Nutzgebäude). Aus seiner Schilderung ist zu entnehmen, dass die Grenzen der eigentlichen Luxusvilla und der praktischen Zwecken geweihten in einander übergingen, was dann einem späteren Autor, Palladius Rutilius, Anlass zur Warnung gab: „Aedificium pro agri merito et pro fortuna domini debet institui, quod plerumque immodice sumptum difficilius est sustinere quam condere" (1, 8). Jedoch hat sich gerade hier auf dem flachen Lande das uralte italische Atriumhaus sicher viel länger gehalten, ohne die Zuthat namentlich des fremden, vom Osten her importirten griechischen Peristyls. Interessant ist, wie Vitruv die Villen behandelt.[1]) Von irgend welcher reichern Ausstattung ist keine Rede. Vitruv gibt offenbar den Durchschnittstypus der villa rustica seiner Zeit. Den Kern des Ganzen bildet die culina (die Tenne) mit den anschliessenden Kammern und Ställen, deren Krippen nach dem Herde zu-gewendet sind, eine auffallende Uebereinstimmung mit dem niedersächsischen Bauernhause (s. den Grundriss bei Otte, Deutsche Baukunst, 44) und dem von Galen beschriebenen klein-asiatischen darbietend, wie K. Lange schon betont hat.

Wie verhält sich nun die mittelalterliche Klosteranlage zu der antiken Villa? Am ausführlichsten hat Caumont (Arch.

urbanam, rusticam et fructuariam. Urbana rursus in hiberna et aestiva sic digeratur, ut spectent hiemalis temporis cubicula brumalem orientem; coenationes aequinoctialem occidentem. Rursus aestiva cub. spectent meridiem aequinoctialem. Sed coenationes eiusdem temporis prospectent hiber-num orientem; balnearia occidenti aestivo avertantur, ut sint post meridiem et usque in vesperum illustria. Ambulationes meridiano aequinoctiali subiectae sint, ut hieme plurimum solis et aestate minimum recipiant. At in rustica parte magna et alta culina paretur, ut et consignatio careat incendii periculo, et in ea commode familiares omni tempore anni morari queant.

[1]) Vitr. De arch. 6, 9: Cortes magnitudinesque earum ad pecorum numerum atque quot iuga boum opus fuerit ibi versari, ita finiantur; in corte culina quam calidissimo loco designetur, coniuncta autem habent bubilia, quorum praesepia ad focum et orientis caeli regionem spectent ... balnearia item coniuncta sint culinae, ita enim lavationi rusticae ministratio non eri-longe. Torcular item proximum sit culinae etc.

civile, 4 f.) beide in Beziehung gesetzt. Le cloitre représente
le péristyle des maisons de ville, la partie reservée à la vie
intérieure. Il répond aussi à la villa urbana ou cour d'honneur
des villae (?!). La cour de la ferme, ou première cour, répond
à la villa rustica des maisons de campagnes romaines. Das
Tablinum, welches Atrium und Peristyl verbindet, soll in den
Capitelsaal umgewandelt worden sein (!).

Es braucht wohl nicht gesagt zu werden, dass dies
grösstentheils ganz willkürliche Annahmen sind. Die antike
Villa folgt, wie wir sehen, durchaus keiner bestimmten Regel,
ihre Bautheile sind so mannigfach wechselnd, wie es der
Wechsel der Mode eben verlangt. Namentlich fand aber Caumont
im Claustrum „une frappante imitation d'un portique et d'un
xyste", mit andern Worten, des Peristyls des Praetoriums
In der That bildet dies so ziemlich das einzige tertium com-
parationis. Nun sehen wir aber an den erhaltenen römischen
Villen, dass das Claustrum dem Peristyl gar nicht entspricht.
Denn jenes ist ein Hof, der von den regularen Baulichkeiten
gebildet wird, dieses gibt sich, oft in ganz enormer Ausdehnung
wie bei der Villa des Diomedes, als ein eingefriedeter Park,
der mit dem eigentlichen Hause weiter in keiner organischen
Verbindung steht und etwa den Gärten der Frührenaissance
zu vergleichen ist.

Vor Allem ist die Ableitung aus den villae urbanae entschieden in Abrede zu stellen. Diese sind, wie wir sehen,
grossstädtische Anlagen, mit allem erdenklichen Raffinement,
oft märchenhafter Pracht ausgestattet; diesen entnahmen die
ascetischen, weltflüchtigen Menschen, die sich da vor den Thoren
der Städte ansiedelten, sicher nicht das Vorbild für ihr Heim-
wesen, ebensowenig wie die ersten Christen den Prachtsälen
des vornehmen Hauses ihre Basilika nachgebildet haben.

So bliebe also nur die villa rustica. Und bei dieser fehlt
die städtische Anlage, vor Allem der Säulenhof, auf den man
immer hingewiesen hat. Denn auch die ambulationes, die
Columella erwähnt, deuten keineswegs auf einen solchen hin. [1]

---

[1] Ambulatio ist technisch von porticus unterschieden, cf. Vitruv. V, 9, 1, ff.

Sie ziehen sich nur an einer Seite (der Südseite) hin; es wird also darunter eher eine einfache „Laube" oder Veranda zu verstehen sein. [1] Ueberdies entsprechen sich Peristyl und Claustrum gar nicht. Endlich fällt noch ein dritter Umstand in die Wagschale, die enge Verbindung der Kirche mit dem Claustrum. Es geht nicht an, diese als blossen Lückenbüsser zu betrachten.

Ich glaube daher, dass die bisher beliebte Ableitung des Claustrum aus der antiken Villa nicht das Richtige trifft. (Dass die Mönche sich in den ökonomischen Anlagen an die Antike, in deren Bannkreis sie ja selbst noch lebten, anschlossen, ist ja natürlich.) Wir sind daher genothigt, den Ursprung der claustralen Anlage anderweitig zu suchen, müssen aber zu diesem Zweck weiter ausholen.

Seit dem IV. Jahrhundert begegnen wir Erwähnungen von Cleriker-Congregationen, die sich bei grösseren Kirchen angesiedelt hatten. Und noch im ravennatischen Pontificalbuch des im IX. Jahrhundert lebenden Agnellus, der selbst Abt eines solchen Klosters war, geschieht ihrer Erwähnung. Man wusste bisher mit diesen „monasteria" (die seit Bacchini für kleine Kapellen u. dgl. erklärt wurden) nichts Rechtes anzufangen. Erst ein Aufsatz Franz Wickhoffs [2] hat darüber Klarheit gebracht. Es steht nunmehr fest, dass auch Agnellus nicht von dem gewöhnlichen Sprachgebrauche abgegangen ist.

Sehr früh tritt uns eine solche Congregation von Clerikern unter Eusebius v. Vercelli im 63. Brief des Ambrosius entgegen. Bestimmend wirkte aber hier einer der grössten Manner der Kirche, der h. Augustinus. Er scheint die Institution, wie aus einer Aeusserung in seiner Schrift: De moribus eccl. Cathol. 1, 23, in Italien (Mailand und Rom) kennen gelernt zu haben. [3] Er selbst erzählt uns ferner, wie er in Hippo dann

---

[1] Hiefür sind namentlich die rheinischen Villen belehrend.

[2] Die „monasteria" bei Agnellus. Mittheilungen des Institutes für österreichische Geschichtsforschung, 9. B. 1887, 34 ff.

[3] Nec ideo tamen laudabile Christianorum genus contempserim eorum scil. qui in civitatibus degunt, a vulgari vita remotissimi. Vidi ego diversorium

innerhalb eines ihm geschenkten Gartens ein Kloster angelegt und dieses später als Bischof in sein Episcopium übertragen habe.[1] Die freiwillige Armuth, der Gehorsam unter einem Obern, der Erwerb des Lebensunterhalts durch Handarbeit erscheinen wie eine Anticipation der Benedictinerregel.

Vor Allem ist nun für uns wichtig, was Augustins ältester Biograph, Possidius (c. 5) berichtet: Factus ergo presbyter monasterium intra ecclesiam mox instituit, et cum dei servis vivere coepit sec. modum et regulam sub sanctis apostolis constitutum.

Durch eine ganze Anzahl von Stellen älterer Schriftsteller erhalten wir über diese monasteria (clericorum) intra ecclesiam nähern Aufschluss, wie Wickhoff überzeugend dargethan hat. Sie befinden sich in den meisten Fällen, so in Rom namentlich, dann Ravenna, Tours, Hippo „in atrio ecclesiae", wie der ständige Ausdruck lautet.[2] Gerade in Afrika hat nur ein günstiges Geschick die Anlage eines solchen monasterium clericorum in der alten Römerstadt Theveste (Tébessa) in Algier erhalten,

---

sanctorum Mediolani, non paucorum hominum, quibus unus presbyter praerat vir optimus et doctissimus. Romae etiam plura cognovi, in quibus singuli .... praepollentes ceteris secum habitantibus praesunt .... ne ipsi quidem onerosi sunt, sed Orientis more et Pauli ap. auctoritate manibus suis se transigunt. Cf. Confess. 8, 6, 15: et erat monasterium Mediolani plenum bonis fratribus extra urbis moenia, sub Ambrosio nutritore.

[1] Sermones ad pop. n. 355. De vita et morib. clericor. suor. C. 2. quaerebam vero constituere monasterium et vivere cum fratribus meis .... b. mem. senex Valerius dedit mihi hortum illum, in quo nunc est mon. Coepi boni propositi fratres colligere compares meos, nihil habentes, sicut nihil habebam, et imitantes me ... et ideo volui habere in ista domo episcopii mecum monasterium clericorum. Retraction., l. II, 21 ut de opere monachorum librum scriberem, illa necessitas compulit, quod cum apud Carthaginem monasteria esse coepissent, alii se suis manibus transigebant ... alii vero ita ex oblationibus religiosorum vivere volebant etc.

[2] Vgl. die bezüglichen Stellen aus Gregor v. Tours (H. F. 10, 34); Liber diurnus (c. 86)' und Agnellus (bes. c. 67, 72, 89, 91) bei Wickhoff a. a. O. Ueber das Stephanskloster im Atrium von S. Paolo Fuori, welches schon 604 erwähnt wird, cf. Sickel's Prolegomena II (S. A. aus den Wiener

das wahrscheinlich noch in die Zeiten Augustins zurückreicht.[1]
Wir haben hier zwei Atrien, ein äusseres, grösseres, an das
rechts ein Eingangsraum, links verschiedene Wohnräume sich
anschliessen, und ein inneres, kleineres, vor der Kirche, an
welches sich die rings um die Kirche gehenden Einzelzellen der
Cleriker, ferner das grosse, kreuzförmig angelegte Triclinium,
neben dem sich das Baptisterium (?) befindet, anlehnen.

Die Ableitung des christlichen Gotteshauses aus der öffent-
lichen Basilika dürfte heute nach Lange's Untersuchungen fest-
stehen. Auch das Atrium, das für die altchristlichen Kirchen
als typisch nachgewiesen ist, wurde von dieser herübergenommen.
Lange bemerkt[2]: „Das Charakteristische und, wie es scheint,
meistens Wiederkehrende aller dieser kaiserlichen Basiliken ist
es, dass sie mit einem viereckigen, von Säulenhallen umgebenen
Platz zusammen auftreten." Auch Inschriften bestätigen dies.[3]
Die Bepflanzung mit Gesträuchen und die Anlage von Bauten
ging gleichfalls in das Atrium (und Claustrum) hinüber.[4]
(paradisus!)

Ich glaube daher, dass das spätere regulare Claustrum
diesem Atrium der ältesten Clerikerklöster nachgebildet ist.
Dass es gerade der Benedictinerorden ist, welcher bei der Con-
solidirung des Mönchthums auf jene Anlage zurückgreift,
erscheint kaum auffallend. Zeigen sich doch jene Clerikerklöster
vielfach als Vorläufer, wie wir oben schon hervorgehoben.
Und auf Benedict selbst war sicher das Beispiel des grossen

SB. 117, 80, 31). Vgl. ferner die Stellen: Benedicti S. Andreae mon. chron.
ad. a. 846: Obsedita est Roma et civitas Leoniana appreensa et ecclesia
S. Petri capta et expoliata et per monasteria ipsius ecclesiae equos eorum
stare praecepit; Gesta ep. Neapolitan. 45: Sepultus est autem in monasterio
s. Januaril intus absidam ecclesiae s. Stephani protomartyris.
[1] Nach Renier's Ausgrabungen public. bei Lenoir, Arch. mon. 2. 482.
[2] Haus und Halle 215.
[3] C. J. L. IX, 2557. C. J. L. Gall. Cisalp. 3446.
[4] Jul. Capitol. (v. Gordiani III, c. 32): Instruerat porticum in campo
martio sub colle pedum mille, ita ut ab altera parte aeque mille pedum
porticus fieret atque inter eas pariter esset spatium ped. 500, cuius spatii hinc

Lehrers von Hippo nicht ohne Einfluss. Es kann nicht Wunder nehmen, wenn der junge Orden (vielleicht schon Benedict selbst, wenn das oben beigebrachte Document Beweiskraft erhält) auch in Bezug auf seine Behausung dem gegebenen Beispiel folgte und jene Atriumanlage der Stadtklöster nun auch für das Landkloster adoptirte. In der That ist es ja die Kirche, welche den eigentlichen Mittelpunkt auch der neuen Anlage bildet. Freilich verlegte man das Atrium-Claustrum [¹] zumeist an die Langseite der Kirche, da diese doch auch den Bewohnern des flachen Landes geöffnet war, der geforderte strenge Abschluss gegen die Aussenwelt und die andächtige Versenkung aber nur so zu erreichen war. Doch erinnerte man sich noch im IX. Jahrhundert beim Neubau des Klosters Fulda jener ursprünglichen Anlage. [²] Die Kirche war bekanntlich doppelchörig, das alte Claustrum lag an der gewöhnlichen Stelle im Süden. Die Gegenpartei aber wollte das Claustrum vor der Westapsis, weil dort der h. Bonifacius ruhte, aufgeführt wissen, und zwar more Romano. Ich stehe nicht an, diese bisher dunkle Stelle auf eine Reminiscenz an die Atriumklöster, die ja gerade in Rom sicher sehr zahlreich waren, zurückzuführen. Noch in spaterer Zeit, im XII. Jahrhundert, findet sich ein Kreuzgang im Westen der Kirche. S. M. in Capitolio in Köln.

Im Orient scheint die Erinnerung an die alte heidnische Basilika immer lebendiger geblieben zu sein. Wir trafen auch dort (in der Laura des Berges Athos) eine Art Claustrum, einen Pfeilerhof, in dessen Mitte die Kirche steht. Aus der

---

atque inde viridaria essent lauro, myrto et buxo frequentata, medium vero lithostrotum brevibus columnis altrinsecus positis et sigillis per ped. 10'', quod esset deambulatorium ita ut in capite basilicae esset pedum 500.

[¹] Atrium wird für claustrum gebraucht in der im IX. Jahrhundert geschriebenen Vita Gregors d. Gr. von Johannes Diac. (Mabillon, Annales 6, 83): In cuius ven. monasterii atrio iuxta nymphaeum (Brunnenhaus).

[²] V. Eigilis des Candidus, c. 22: Claustrum monasterii ex novo construere cogitavit. Vocantur ad consilium fratres, quaesitum est, in quo loco aedificatio claustri congruentius posset optari. Quidam dederunt consilium, contra partem meridianam basilicae, iuxta morem prioris; quidam autem,

Beschreibung zweier Kirchen bei Procopius [1]) (St. Michael in Anaplus, Frauenkirche in Jerusalem) geht hervor, dass man es im Orient liebte, die Kirchen gleich der alten Basilika an die Langseite freier, mit Säulenhallen eingefasster Plätze zu stellen, welche theils dem commerciellen Verkehr, theils zum Lustwandeln dienten. Vielleicht wirft auf unsere Ableitung auch ein nebensächlicher Umstand Licht. In der ältesten Zeit bezeichnet monasterium durchaus die Zelle des einzelnen Mönchs (Cassian. Collat. monasteria dicuntur cellae, in quibus unus degit monachus, noch Hraban. Maur. wiederholt dies De univ. 14. 21). Man wird dabei an die Einzelzellen der Cleriker in den Atriumklöstern erinnert.[2]) Bei der Uebertragung der claustralen Lebensweise wurde diese Bedeutung verwischt, so dass coenobium und monasterium im IX. Jahrhundert schon als völlig gleichbedeutend gebraucht werden.

Romano more, contra plagam occidentalem satius poni confirmant, propter vicinitatem martyris, qui in ea basilicae parte quiescit. Quorum consilio adsensum praebuere fratres, concordabat nihilominus et reliqua pars fratrum.

[1]) De aedific. Justin. 1, 8: πετρῶν ἐμβολὴ τὴν ἐκείνη ἀκτήν εἴσω περιελίξας ἐς πιέπας λιμένος, τὴν τῆς θαλάσσης ἥναντα ἐς μεταμόρωσιν ἀγοράς ἥνιγκεν. ἡ εὔχιος γάρ ὑπεράγεν ἐνταῦθα ἡ θάλασσα οὖσα τῇ γῇ ἐπικινούνται συναλλαγάς. ταῖς τε ἀκάτοις οἱ τῶν ἐμπόρων θαλάττιοι παρά τὴν ἐμβολὴν τῶν πετρῶν ὁρμιζάμενοι συμβάλλονται τοῖς ἐργάταις ἀπὸ τῶν καταστρωμάτων τά ἐμπολήματα, ἀλλή, μετά τὴν παραλίαν ἀγοράν τοῦ νεώ πρόκειται ... οἱ δὲ τοὺς περιπάτους ἐξ δὲ ποιούμενοι εὐπρεπείᾳ μὲν ἥδονται λίθων, γεγήθασι δὲ τῆς θαλάσσης ὅλη, ἀναφρόνωνται δὲ κοιναῖς ταῖς αὔραις, ἐκ τε τοῦ ῥοθίου ἐπιγειρομέναις καὶ λόφων ἐκανεπιστηκότων τῇ γῇ. στοά τὸν νεών περιβάλλει· ἐγκύκλιος εἰς τά πρὸς ἕω διαλιπούσαι μόνον. ibid. 5, 6: οἱ δὲ (κίονες) ἀμφι τάς στοάς, αἱ περιβάλλουσι τὸ ἱερὸν ὅλον πλήν τῆς πρὸς ἕω τετραμμένης πλευράς; ... στοά τις ἐνδέχεται ἐντεῦθεν ἑτέρα ἐπὶ τοῦ νάρθηκος, ἀνομασμένη, οἴμαι, τῷ μή εὐθύνεσθαι· αὐλή, μετά ταύτην κύκλω ὁμοίοις ἐν τετραπλεύρω ἀνεγομένη etc. Ebenso die Kirche in Nazianz, von Gregors von Nazianz gleichnamigem Vater erbaut, die jener in seiner 19. Homilie beschreibt (Opp. 1. 813).

[2]) Dies blieb auch später stereotyp, als die Clerikerklöster im VIII. Jahrhundert durch Chrodegang von Metz reorganisirt wurden. Vgl. die C. Karls II. von 884 (Böhmer, A. Karol. n. 1783), wo die Masse der einzelnen Zellen im Claustrum genau in Ruthen (perticae) angegeben sind. Bouquet, Rec. des hist. 8, 644.

Im VII., spätestens im VIII. Jahrhundert lässt sich die claustrale Anlage, wie wir oben sahen, schon als fest eingebürgert nachweisen und hat sich von da an fast unverändert bis in unsere Tage behauptet und den wechselnden Formen der Kunst angeschmiegt. Mit ihr hat sich zugleich das Abendland von der morgenländischen Form emancipirt. Ost und West verfolgen fortan getrennte Wege.

III.

WEITERENTWICKLUNG IN DER KAROLINGERZEIT.

Das grosse Zeitalter des arnulfingischen Hauses ist es, in dem sich eine Reihe bedeutender Klöster zu Macht und Ansehen emporschwingt. So fallen auch die hervorragendsten Klosterbauten, theilweise auf Männer zurückgehend, die in den allernächsten Beziehungen zu Hofe standen, in diese Periode. Die Bedürfnisse haben sich gesteigert; die Klöster sind reich an weltlichem Besitz geworden; sie brauchen grosse Wirthschaftsgebäude; kleinen Städten werden sie ähnlich, und gar oft hebt dies der Mönchschronist mit freudigem Stolz hervor. Aber sie sind auch nicht mehr wie früher die stillen Stätten der Ascese und weltabgewandten Erbaulichkeit. Ihre Aebte sind vornehme Herren geworden, Männer wie Angilbert, wie Einhand, anderer nicht zu gedenken, stehen an ihrer Spitze. Der Herrscher mit seinem Gefolge ladet sich oft zu Gaste und nimmt auf seinen Fahrten hier gerne Absteigquartier. Da gilt es, solcher Ehre würdige Gebäude, förmliche Pfalzen aufzuführen, und damit hielt die Kunst, die man in diesem Zeitalter so gern der Antike wieder nähern möchte, ihren Einzug in die geweihten Räume. Gerade in einem Kloster wie Lorsch ist uns eines der köstlichsten Denkmale karolingischer Kunst erhalten.

In der That ist keine spätere Periode so reich an grossartigen Klosterbauten, von denen freilich nur schriftliche Kunde

auf uns gekommen ist. Die Reihe beginnt mit der Schöpfung
Angilberts, Centula; es folgen Fulda, Lorsch, wo 785 Richbodo
die bis dahin hölzernen Klostergebäude umbaute. Fontanella,
die Gruppe der reichen alemannischen Klöster, voran St. Gallen
und Reichenau. Grosse architektonische Gedanken tauchen
auf, und aus dieser Zeit stammt ja auch der unschätzbare Bauriss von St. Gallen.

Wenn er auch nicht das älteste hier in Frage kommende
Denkmal aus der karolingischen Zeit ist, so gebührt ihm doch
der Vortritt, seiner unvergleichlichen Ausführlichkeit halber,
obwohl gerade St. Gallen in der älteren Karolingerzeit, bis
zum Tode des grossen Karl, nur zu den Klöstern dritten Ranges
zählt und erst unter Ludwig I. seine führende Stellung ein-
nimmt.

Die Bibliothek von St. Gallen bewahrt das kostbare
Document.[1] Es besteht aus fünf zusammengenähten Perga-
mentstücken und bildet ein Rechteck von 3·5′ und 2·5′ Fläche. Diese
Umfänglichkeit hat auch dazu gereizt, ihn auf andere Weise
zu verwenden. Fast wäre das unschätzbare Stück dem augen-
blicklichen Bedürfniss zum Opfer gefallen. Auf der Rückseite
wurde nämlich in späterer Zeit eine Vita des h. Martin geschrieben, und der Schreiber wollte offenbar auch die Vorderseite benützen und durch Rasur verwendbar machen. Ein
glückliches Geschick hat ihm jedoch Einhalt geboten. Nur die
linke obere Ecke ist beschädigt worden, so dass die Bestimmung des dort befindlichen Gebäudes unaufgeklärt ist; im
Uebrigen ist das Ganze leidlich gut erhalten.

Der Bauplan wurde, wie die Widmung besagt, an den
Abt Gozbert von St. Gallen geschickt, welcher nach 820 den
Bau der neuen Klosteranlage begann. Er ist, wie schon oft

[1] Zuerst von Mabillon (Annales 2 zu 1. 31, 36) publicirt. Keller, Der
Bauplan von St. Gallen, Zürich 1844; Springer, Klosterleben und Klosterkunst
(Bilder aus der neueren Kunstgeschichte Bonn 1886, 1, 41); Rahn, Geschichte
der bildenden Künste in der Schweiz, Zürich 1876, 90 f.; Eye, Das abendländische Wohnhaus in Raumer's historischem Taschenbuch 1868, 323; Neuwirth, Die Bauthätigkeit der alemannischen Klöster St. Gallen, Reichenau
und Petershausen (Wiener SB. 1884, 5 f.).

hervorgehoben, kein Abbild einer wirklichen Klosteranlage, er widerspricht geradezu den Terrainverhältnissen von St. Gallen; sondern er stellt ein allgemeines Schema, ein Simile, dar.

Der Bauplan ist so oft beschrieben und besprochen worden, dass ich hier auf ein näheres Eingehen füglich verzichten kann. Wie Rahn glücklich hervorgehoben hat, zerfällt er in vier Bezirke; das Mönchsviertel, die Clausur bildet den Mittelpunkt, um den sich die Wirthschaftsgebäude, das Gastviertel mit der Abtwohnung und das Schul- und Krankenviertel gruppiren. Jedes Gebäude ist mit einer erklärenden Beischrift, welche zuweilen zum versificirten Titulus wird, versehen.

Er zeigt uns einen grossen historischen Entwicklungs-process in seiner Consolidation. Und gerade deshalb, als Formel, als allgemein giltiger Durchschnittstypus einer grossen Benedictiner-Abtei, die alles Nöthige nach der Regel innerhalb ihrer Mauern einschliesst, ist er für uns so wichtig.

Seit Mabillon wurde die Frage nach seinem Urheber immer und immer wieder aufgeworfen. So weit eine bestimmte Person dabei in Betracht kommt, ist sie für die Kunstgeschichte von keinem sonderlichen Belang; dagegen kann man an der Frage nach seinem künstlerischen Geburtsatteste nicht vorübergehen.

In dem Begleitschreiben des Baurisses redet bekanntlich eine uns unbekannte Person den Abt Gozbert, welcher sich wohl an jene um Rath bei seinem Neubau gewendet hatte, mit filius an, scheint also einen höheren geistlichen Rang, etwa das Episcopat bekleidet zu haben. Aber es wurde schon wiederholt bemerkt, dass sich weder für Einhard, noch für Gerung (vergl. Neuwirth a. a. O.), oder gar für den Mann der Wissenschaft, Hraban Maurus, der sicher kein kunstverständiger Architekt war, irgend ein Nachweis als Urheber erbringen lasse.

Es ist auch gar nicht nöthig, bis nach Fulda auszuspähen. Viel näher liegt ein Kloster, das mit St. Gallen stets in engem Contact war, die Reichenau. Da wir demnächst von berufener Seite eine Specialuntersuchung über den St. Gallener Plan zu erwarten haben, so kann ich mich hier kurz fassen.

Auf eine Eigenthümlichkeit des Baurisses möchte ich nur hinweisen, welche ihrer Wichtigkeit für den mittelalterlichen Profanbau halber eine nähere Würdigung verdient. Bei der Mehrzahl der Gebäude des Baurisses sehen wir inmitten des Hausraumes ein Quadrat eingezeichnet; in drei Fällen ist dasselbe näher erklärt, und zwar im Schulhaus und Armenhospiz mit testu(do), und in dem Palatium der vornehmen Gäste mit locus foci. Die Anlage dieser Häuser ist folgende: Die Zimmer, bei den Stallgebäuden im Westbezirke auch die Ställe, öffnen sich gegen einen offenbar überdeckten hofartigen Raum, in dessen Mitte sich der Herd befindet. Das Quadrat ist wohl als die darüber angeordnete Dachöffnung, das Luminar, zu denken, durch welches der Rauch Abzug findet und welches mit einem Zeltdach, eben jener testudo, entsprechend dem nordischen Klima, bedeckt ist.[1]

Das ist aber völlig die Anlage des altitalischen Atriums, und zwar des von Vitruv als displuviatum, von Varro als testudinatum beschriebenen,[2] welches wohl den Durchschnittstypus des italischen Bauernhauses jener Zeit, namentlich in den nördlichen Gegenden, am Abhang der Alpen darbietet, und bei den klimatischen Verhältnissen dieser Landschaften trotz der Lichtdämpfung dem Atrium compluviatum (tuscanicum) entschieden vorzuziehen war.

Ich glaube daher gegen Lange die Ansicht Dehio's (Die kirchliche Baukunst im Abendlande, Lief. 1, Cap. 3) aufrecht erhalten zu dürfen, welcher die arca des Vitruv eben mit

---

[1] Siehe die Reconstruction bei Kahn a. a. O.

[2] Vitruv. 6, 3: displuviata (atria) autem sunt, in quibus deliquiae ar cam sustinentes stillicidia reiciunt. haec hibernaculis maxime praestant utilitates, quod compluvia eorum erecta non obstant luminaribus tricliniorum. Was Vitruv als testudinata beschreibt, scheint nicht viel verschieden zu sein. Varro, de L. lat. 5, 161: cavum aedium dictum qui locus tectus intra parietes relinquebatur patulus, qui esset ad communem omnium usum. In hoc locus si nullus relictus erat, sub divo qui esset, dicebatur testudo ab testudinis similitudine, ut est in praetorio in castris .... Vergl. die etwas dunkle Stelle bei Isidor, Origg. 15, 8, 8: Alii testudinem volunt esse locum in parte atrii adversum venientibus.

jenem auf vier Pfosten schwebenden Zeltdach identificirt und dabei an die übereinstimmende Anordnung der altchristlichen Altartabernakel erinnert.

Dass diese Anlage in Italien schon seit langer Zeit üblich war, beweist die bei Poggio Gajello gefundene etruskische Aschenkiste (Abbildung bei Guhl & Koner, 434), welche die Form eines solchen Atrium-Hauses wiedergibt.[1]) Die über das breit vorspringende Dach emporsteigende Erhöhung wird wohl die arca vorstellen. Die Innenansicht eines solchen Atrium dis-pluviatum vergegenwärtigen uns mehrere etruskische Gräber, deren Decke Balkenconstruction nachahmt. Ein solches befindet sich bei Corneto (Abbildung nach Micali in Baumeister's Denkm. d. class. Alt. I, Fig. 663). Das Aufsetzen der „Laterne" ist hier ganz deutlich.

Die Geschichte der Profanarchitektur des Mittelalters, namentlich des nordischen Hauses liegt ja noch sehr im Dunklen.[2]) Die viel besprochene Stelle des Tacitus über die altgermanischen Häuser zeigt uns die gesonderte Gehöftanlage längs der breiten Dorfstrasse, die wir ja noch heute in manchen deutschen Gegenden finden.[3]) Mit der Römerherrschaft drang auch in den südlichen Gegenden Deutschlands römische Sitte ein. Im Jahre 357 fand, wie Ammianus Marcellinus[4]) berichtet, der Caesar Julian bei den rheinischen Alemannen „domicilia cuncta curatius ritu Romano constructa", d. i. wohl die italische Atriumanlage. In den Stürmen der Völkerwanderung dürfte jenseits der Alpen, mit den römischen Städtegründungen, wohl auch diese fremde Anlage verschwunden sein und sie war wohl auch auf deutschem Boden nicht lebensfähig. Denn wie der niedersächsische Bauernhof zeigt, ist das deutsche Haus kein Hof-, sondern ein Hallenhaus, was nach Lange's trefflichen Erörterungen jetzt wohl auseinanderzuhalten ist. Dagegen hat

[1]) Zusammenstellung in Notizie degli Scavi 1881, 354 f.
[2]) A. Schultz, Das altdeutsche Haus, Mitth. d. C. C. 1868, 329 f. Hettner a. a. O.
[3]) Germania 16.
[4]) L. 17, 1, 7.

sie sich auf romanischem Boden theilweise bis heute erhalten.
In Südtirol z. B. auch in Ober-Italien finden sich sogar noch
Stadthäuser, welche ganz die Einrichtung des vitruvianischen
Atrium displuviatum, besser testudinatum, haben.[1]

Diese eigenthümliche Anlage scheint also in der That
aus den benachbarten Gegenden an den Abhängen der italischen
Alpen zu stammen. Für die Reichenau ist uns ein lebhafter
Verkehr mit Italien speciell überliefert.[2] Erinnern wir uns,
dass ein Bischof von Verona, Namens Egino es ist, welcher
sich dorthin zurückzieht, 799 die Peter und Paul-Basilika erbaut·
und schliesslich dort 802 seine Tage beschliesst. (Herim. Contr.
Chron. Aug. ad. a. 799, 802.) Ein anderer Bischof von Verona,
Ratolt, erhandelt für die Reichenau vom Dogen von Venedig
den angeblichen Körper des h. Marcus. (Herim. Chron. ad. a. 830.)
Auch der Dichterabt der Reichenau, Walafrid, stand im Verkehr
mit Italienern; eines seiner Gedichte ist an einen Pavesen
Gotabert gerichtet.

In dem Klosterplan von St. Gallen ist eine Jahrhunderte
lange Entwicklung abgeschlossen. Es ist das künstlerisch so
hochbedeutsame karolingische Zeitalter, das auch hier schöpfe-
risch und vorbildlich auftritt. Fortan hält die Kloster-Architektur
mit strenger Consequenz an diesem Programme fest.[3]

---

[1] Im romanischen Westfrancien scheint sich die Anlage länger erhalten zu haben. Vergl. die Stelle im Chron. Centul. 8, 1: ... In suae domus
atrium quod vulgus curtem dicit...., wenn dies nicht ein archaisirender
Ausdruck ist.

[2] Die Anordnung des Testudo-Hauses ist ganz deutlich in den Archi-
tekturen des berühmten Psalterium aureum, wie Rahn in seiner Ausgabe
desselben richtig hervorgehoben hat (Seite 39, cf. n. 94). Der Künstler zeichnete gewiss nach der täglichen Anschauung seine Klostergebäude, deren
charakteristische übereinstimmende Gestalt uns im Baurisse erhalten ist.

[3] Wenn freilich Neuwirth a. a. O. S. 115 behauptet, noch im
XIII. Jahrhundert hätte man sich beim Bau des schweizerischen Klosters
Wettingen an den alten Bauriss gehalten, so kann das mindestens zu Miss-
verständnissen führen. Es ist eben der allgemeine Typus festgehalten, wie er
uns neben St. Gallen z. B. auch in Fontanella entgegentritt. Die Uebereein-
stimmung ist gar nicht einmal so gross. Wir werden im nächsten, zusammen-
fassenden Capitel dieses allgemeine Schema betrachten.

Ungefähr in derselben Zeit erhob sich im äussersten Westen des Reiches eine andere grossartige Klosteranlage, die von Fontanella oder St. Wandrille.

Das Kloster, in der Nähe von Rouen gelegen, vom h. Wandregisil Mitte des VI. Jahrhunderts gegründet, war eines der reichsten und blühendsten der Karolingerzeit. In seiner Chronik [1] ist uns die erste ausführliche Beschreibung eines grossen Benedictinerklosters erhalten. Die wesentlichen Elemente sind schon alle vorhanden.

Hier hatte schon das ganze VIII. Jahrhundert eine überaus rege Bauthätigkeit entwickelt, aber erst unter Abt Ansegis erreichte sie ihre Höhe (822—833). Schon der h. Wandregisil hatte die Hauptkirche, dem h. Petrus geweiht, erbaut.[2] Ihre Länge wird auf 290′ angegeben, ihre Breite auf nur 87′. Offenbar ist hier in dem Manuscript vor XXXVII die Zahl C ausgefallen; in der Reconstruction (Fig. 1) wurde diese Conjectur verwerthet. Die Kirche war im Quaderbau (quadrifido opere) ausgeführt. An ihrer Südseite baute Wando (742—747) eine Basilika des h. Servatius.[3] Die Kirche ist merkwürdig durch ihr Solarium (Empore s. u.), noch merkwürdiger durch die Erwähnung, dass in dieser Empore ein Altar des h. Servatius stand. Wir haben hier vielleicht die erste Spur jener Doppelanlage, wie sie uns ausgebildet dann in Schwarz-Rheindorf und den romanischen Burgkapellen entgegentritt. Natürlich ist an eine solche Anlage hier noch nicht zu denken, eher vielleicht an eine zweistöckige Vorhalle, wie in S. Abbondio in Como oder in Sesto Calende (unvollendet).[4] In S. Abbondio befand sich im Oberstockwerk

---

[1] Ausgabe der M. G. SS. II, 270—304.

[2] C. 7: Aedificavit ergo in eodem loco basilicam in nomine beatiss. princ. apost. Petri, quadrifido opere, 290 ped. habentem in longitudine, porro in lat. 37.

[3] Aedificav. basilicam .... iuxta ecclesiam b. princ. ap. Petri ad meridiem eiusdem ecclesiae plagam. In qua solarium condidit, ita ut per gradus sursum ascenderetur, collocavitque ibi altare unum, in quo de reliquiis praedicti confessoris Christi posuit. C. 13.

[4] Boito C., Arch. del medio evo, Mil. 1881: La bas. di S. Abbondio e la bas. di sotto.

der Altar mit den Reliquien der h. Bischöfe Rabian und Adalbert. Auch die berühmte Eingangshalle zu Lorsch scheint ein solches Solarium zu haben.

Die ursprüngliche Klosteranlage, welche zum grössten Theil von Abt Gervold (787—806) herrührte,[1] und von der das Dormitorium (caminata fratrum), Spital, Küche, Sacristei, sowie die Schule erwähnt werden, wurde, wie bemerkt, von Abt Ansegis in neuer und grossartiger Weise umgebaut (Chron. Fontanell. c. 17).

Die Anlage ist sehr klar und übersichtlich, die Beschreibung führt uns aber leider nur die Baulichkeiten des Claustrum vor Augen. Die Südseite desselben nimmt die Petrikirche ein, nach Osten orientirt; westlich fügte Ansegis eine quadratische Vorhalle [2]) von 30 X 30′ Flächeninhalt hinzu, auf der ein Oberstockwerk (coenaculum[3]) aufsass, welches dem Erlöser geweiht werden sollte, aber des schnellen Todes Ansegis' halber unvollendet zurückblieb. Auch den alten (viereckigen) Campanile stellte er neu her. Merkwürdig ist die Nachricht, dass demselben eine 35′ hohe Spitze in Holzconstruction (piramidam quadrangulam . . . de ligno tornatili compositam) und mit Blei-, Zinn- und vergoldeten Kupferplatten gedeckt, aufgesetzt wurde; und zwar mit der Motivirung: nam antequam nimis humile id opus erat. Es zeigt sich also hier schon jene Tendenz der verticalen Entfaltung, welche für die nordische, und zwar speciell französische Baukunst so bedeutend wurde.

Die Westseite des Kreuzganges nahm, im Süden an die Kirche anstossend, das langgestreckte Dormitorium (208′ X 27′ : 64′) ein. Seine Mauerung war in der römischen Mischtechnik von Cement

---

[1]) Chron. Font. c. 16.

[2]) Ich glaube die Stelle: ipsam (bas.) etiam a parte occid. 30 pedum in long. oc totidem in lat. accrevit, nicht anders auffassen zu können.

[3]) Coenaculum bezeichnet schon im classischen Latein (bei Varro u. A.) das Oberstockwerk eines Hauses (= solarium, ὑπερῷον). Coenaculatum opus kommt schon bei Avitus Homil. 18 vor. Bei der unklaren Construction könnte man in Zweifel sein, ob Ansegis nicht eine Umweihe der Petrikirche in eine Salvatorkirche beabsichtigte, sowie Angilbert die frühere Marienkirche dem h. Riquier weihte.

und Bruchsteinen ausgeführt. Es hatte ein Solarium, dasj edoch nur die Mitte des Gebäudes einnahm und ausserordentlich prächtig ausgeschmückt war, mit einem schönen Fussboden und einer bemalten Balkendecke. Die Balkenconstructionen waren durchwegs aus dem besten Eichenkernholz, die Ziegelbedachung durch eiserne Klammern verbunden. Endlich war durch Glasfenster für genügende Beleuchtung gesorgt.

Gegenüber dem Dormitorium lag ein Gebäude, welches das Refectorium und Cellarium enthielt, in derselben Technik und denselben Massen wie jenes aufgeführt. Es bildet den östlichen Tract. Ueber seine Ausschmückung erhalten wir eine höchst interessante Nachricht. Madalulf, ein ausgezeichneter Maler, welcher dem Sprengel von Cambray (cameracensis ecclesiae) angehörte, malte nämlich Wände und Decke des Refectoriums mit „verschiedenen Malereien" (variis picturis, wohl biblischen Gegenständen) aus. — Das Refectorium reicht im Süden „fast bis zur Apsis der Kirche", es muss also wohl dazwischen ein Durchgang (ähnlich wie beim Schul- und Spital-Claustrum in St. Gallen) gewesen sein. Seine Stellung weicht auffallenderweise von der üblichen Anordnung gegenüber der Kirche ab.

Nach Norden wird das Claustrum durch ein grosses Gebäude (domus maior) abgeschlossen, welches im Westen an das Dormitorium, im Osten an das Refectorium stösst.[1]) Es enthält die Camera (s. o.), ein heizbares Gemach (caminata des Abts?) und noch einige nicht näher angegebene Räume.

Ein späterer Zusatz hat uns die genaue Beschreibung des Kreuzganges überliefert (porticus honestae cum diversis pogiis, Stufen oder Bogen?). Er hatte eine Balkendecke, was sich in Italien noch lange erhält. Auch an der nördlichen Seite des Claustrum, also angelehnt an die Kirche, lief ein Porticus entlang. Wie wir aus der Erzählung vom Tode Ansegis', der hier bestattet wurde, ersehen, hielten die Brüder hier den Convent

---

[1]) Ad orientem versa; es ist zu bemerken, dass der Chronist die Richtung der Gebäude fast durchgehends nach der Längenachse (entsprechend der Orientirung der Kirche) angibt.

ab;[1]) es ist also ganz wie in St. Gallen dieser Theil des Kreuzganges als Capitelsaal benützt. Nun scheint allerdings aus der
gegebenen Beschreibung des Convents oder der curia „welche
griechisch Beleuterion (βουλευτήριον) genannt wird", hervorzugehen,
dass diese (iuxta absidam bas. S. Petri ad plagam septemtrionalem
gelegen) ein eigenes Gebäude bildete. Doch ist hier die Be-
zeichnung: iuxta absidam im weiteren Sinne genommen; und
dass jener porticus und das hier genannte Beleuterion ein und
dasselbe sind, beweist der Umstand, dass Abt Ansegis hier
sein Grabmal aufstellen liess und, wie wir sahen, auch wirklich
da bestattet wurde.

Merkwürdig ist in Fontanella die Erwähnung eines selbst-
ständigen (wohl eines der ersten) Archivs (domus cartarum).
Es befand sich innerhalb des Kreuzganges, mitten vor dem
Schlafhaus. Vor dem Refectorium, also wohl in der Nähe der
Apsis befand sich die Bibliothek, wie ein Zusatz bemerkt,
griechisch πρρίπτος genannt. Ihre Stellung entspricht in der
That der Anordnung der Bibliothek in den Klöstern des
Ostens; auch das Vorkommen der griechischen Namen (oben:
Beleuterion) ist auffällig. Doch ist ein Einfluss des Orients sehr
unwahrscheinlich; der Chronist wollte offenbar mit seiner Ge-
lehrtheit Staat machen.

Weit weniger gut, wenn uns auch manche schätzbare
Nachricht in Chroniken und Biographien vorliegt, sind wir
über andere bedeutende Klöster dieser Zeit unterrichtet. Von
Angilberts Schöpfung Centula (S. Riquier) sind uns wenig-
stens in alten Stichen Copien nach einer mittelalterlichen
Zeichnung erhalten. S. Riquier ist vollkommen im gothischen
Stil umgebaut worden, von der alten Anlage ist daher keine
Spur auf uns gekommen.[2])

---

[1]) Gesta abb. Font. c. 17: cum fletu maximo tumulatus extra basilicam
S. Petri ad aquilonalem plagam in porticu, in qua fratres conventum celebrare
soliti sunt.

[2]) s. die Ansicht im Monasticon Gallicanum ed. Pigné-Delacourt u.
Delisle. Par. 1876.

Die Zeichnung zeigt uns, dass der Miniator noch den Bau Angilberts vor Augen hatte. Wir haben von ihr zwei nur wenig abweichende, natürlich stilistisch veränderte Stiche aus dem XVII. Jahrhundert. Der eine befindet sich in dem Buch des Jesuiten Petau: De Nithardo Caroli M. nepote ac tota eiusdem Nithardi prosapia, Paris 1612 (wonach Lenoir's Holzschnitt), und bei Mabillon A. SS. O. B. Saec. IV, 1, 1673 unter Aufsicht Abbé Baligre's gestochen. Petau hat sie nach seiner Angabe e scripto codice (der Chronik Hariulfs?) entnommen.[1]

Dagegen sind wir über viele andere hervorragende Klöster völlig im Dunklen. Aus der Abtei Alcuins, dem für die Geschichte der kaiserlichen Kanzlei wie für das ganze Schrift- und Bücherwesen in der Karolingerzeit so wichtigen Tours scheinen uns wenigstens einige Tituli, Aufschriften auf Baulichkeiten, erhalten; doch ein Bild der Klosteranlage geben sie uns keineswegs. Die spärlichen Notizen über einzelne Klöster sowohl dieser als auch der nächstfolgenden Zeiten kommen daher nur dem Gesammtbild der Klosteranlage im Allgemeinen, das wir im nächsten Capitel entwerfen wollen, zu Gute.

Nach dem IX. Jahrhundert sind nur wenige Aenderungen in der Kloster-Architektur nachzuweisen. Die wichtigste betrifft die Stellung des Capitels. In St. Gallen und Fontanella war für dasselbe die Kirchenseite des Kreuzganges adaptirt (betreffs Lobbes vgl. unten). Mit der zunehmenden Machtfülle und Bevölkerungszahl der Klöster wurde ein eigenes Capitel- haus nothwendig, welches mit einer Seite sich meist an die Kirche anlehnte. Der Grundriss und Aufbau der letzteren folgte natürlich den Wandlungen der Architektur, worauf wir hier nicht näher eingehen können.

---

[1] H. Graf (Op. fraucig. p. 110) spricht dem Kupferstich Mabillon's jede Glaubwürdigkeit ab. Das ist denn doch wohl ungerecht. Graf übersieht auch den älteren Stich bei Petau, von dem der jüngere allem Anscheine nach nicht abhängig ist.

IV.

DIE FORMEN DER ENTWICKELTEN CLAUSTRALEN ANLAGE.

—

Das karolingische Zeitalter, das trotz seiner retrospectiven Tendenz an grossen Neugedanken nicht arm war, hat, wie wir sahen, das claustrale Schema in grossartiger, für alle Zeiten mustergiltiger Weise voll entwickelt. Es wird daher hier der beste Ort sein, den Gang der geschichtlichen Erzählung zu unterbrechen und die einzelnen Glieder dieses vielgestaltigen Complexes näher in's Auge zu fassen.

1. Die regularen Baulichkeiten. Sie umschliessen den eigentlichen Kern der Anlage, das Claustrum, das ja im späteren Mittelalter geradezu gleichbedeutend mit monasterium wurde (Kloster, cloister, chiostro). Der Name kommt vor dem achten Jahrhunderte nicht vor, Isidor gebraucht claustrum noch in der altclassischen Bedeutung als Riegel. Der deutsche Name „Kreuzgang" stammt wohl, wie Otte richtig bemerkt, von den Processionen mit dem Kreuze. Damit stimmt das Zeichen der Cluniacenser für claustrum, vgl. Constitut. Hirsaug. I. 14: pro signo claustri, generali praemisso indicem deorsum verte circum, quod est signum circumeundi .... pro signo processionis indicem super indicem in modum crucis pone, adiungens signum circumeundi.

Der Kreuzgang ist ein gegen einen freien, gewöhnlich bepflanzten [1] (s. o.) Hofraum sich öffnender, auf allen vier Seiten durch die Kirche und die regularen Gebäude umschlossener Säulen- oder Pfeilerumgang. Schon in St. Gallen, noch früher in der Badia alle tre fontane bei Rom sehen wir die in den romanischen Bauten beliebte gruppenweise Anordnung der Arcaden.

Der Grundriss ist in der Regel viereckig, dem Quadrat sich nähernd und natürlich vom Terrain abhängig. [2] Eine merkwürdige Ausnahme bildet Centula. Nach der Beschreibung Hariulfs [3] bildete hier das Claustrum ein Dreieck, dessen Ecken durch die drei Kirchen des h. Riquier, Benedict und der Jungfrau markirt waren. Claustrum vero monachorum triangulum factum est, videl. a S. Richario usque ad S. Mariam tectus unus; a S. Maria usque ad S. Benedictum tectus unus itemque a S. Benedicto usque ad S. Richarium tectus unus; sicque fit, ut dum hinc inde parietes sibi invicem concurrunt, medium spatium sub divo triangulum habeatur. Auf der alten Zeichnung von Centula (s. o.) konnte der Miniator offenbar mit der Perspective nicht zurechtkommen und gibt ein unregelmässiges Viereck. Die ganze abweichende Anlage ist wohl mit durch Terrainschwierigkeiten bedingt. Doch scheint man bei der Gründung einen symbolischen Bezug auf die Dreieinigkeit damit verbunden zu haben, wie aus dem von Hariulf inserirten Denkschreiben Angilberts (2, 4) hervorgeht.

Ebenso stabil wie der viereckige Grundriss[4] ist im Allgemeinen die Disposition der an das Claustrum angelehnten

-----

[1] S. den Bauriss von St. Gallen, wo ein Sefibaum angegeben ist, und den Plan Eadwins; ferner Const. Hirs. 2, 62: habet et herbas quae in claustro crescunt. Udalric. Consuet. Clun. 2, 8 herbarium claustri.

[2] Das Kloster Souillac hat bei runder Umfangsmauer (wie im alten angelsächsischen Kloster Abingdon) doch das regelmässige viereckige Claustrum (Monast. Gall. tab. IV).

[3] Chron. Centul. 2, 3 bei D'Achéry, Spicileg. ed. nov. 2, 802.

[4] Vgl. Adam Brem. 2, 67.: . . . manum vertit ad claustrum, quod ipse, dum prius ligneum esset, lapideum fecit, forma, ut mos est, quadrangula, vario cancellorum ordine .

3*

Gebäude. Viele Stellen mittelalterlicher Schriftsteller bestätigen
dies, namentlich sind uns aber einige Verse aus einem erbau-
lichen Gedicht des Goffridus Vindocinensis [1]) wichtig:

> Quadratam speciem structura domestica profert
> Atria bis binis inclyta porticibus.
> Quae tribus inclusae domus, quas corporis usus
> Postulat et quarta quae domus est Domini
> Quarum prima domus servat potumque cibumque
> Ex quibus hos reficit iuncta secunda domus
> Tertia membra fovet vexata labore diurno
> Quarta Dei laudes assidue resonat.

Das Claustrum erstreckt sich gewöhnlich an einer Langseite
der Basilika, und zwar den klimatischen Verhältnissen entsprechend, im Süden vorwiegend an der Nordseite, im Norden
an der Südseite (1. Farfa, doch auch Fontanella, 2. St. Gallen,
doch auch Montecassino).

Die übrigen drei Seiten sind von dem Dormitorium,
Refectorium und Cellarium sowie dem Capitel eingenommen. [2])
Von diesen hat das Refectorium regelmässig seinen Platz
gegenüber der Kirche (ebenso im Orient). Zwischen beiden
liegt im Orient wie im Occident das Brunnenhaus oder die
Cisterne. Der Grund dieser Stellung des Refectoriums liegt ja
zu Tage. Es gleich der Kirche anzuschliessen, widersprach der
Würde des heiligen Ortes; bis in's XVII. Jahrhundert hielt
man daran fest und man braucht nur das Monast. Gallican.
zu durchblättern, um sich hievon zu überzeugen. Trotzdem
kommt es ausnahmsweise vor, dass das Refectorium neben
der Kirche liegt, so sehr früh in Fontanella, dann in Montecassino.

Die Stellung der übrigen Gebäude des Claustrums ist
natürlich wechselnd, doch sind gewöhnlich eben Kirche und
Refectorium die fixen Punkte. Bei kleineren Anlagen sind oft

---

[1]) De laude vitae monast. ed. Sirmond bei Ducange s. v. claustrum.

[2]) Eine ganze Anzahl Tituli auf Klostergebäude (sogar auf die Latrine)
hat sich erhalten, darunter viele von Alcuin (aus Tours); zusammengestellt
M. G. Poet. Lat. vol. II.

alle Klostergebäude, wenn nöthig in Stockwerken, um das Claustrum zusammengedrängt. So war es in dem ursprünglichen Kloster von St. Trond in Belgien.[1] Ueber einige Gebäude des Claustrums muss ich noch im Einzelnen sprechen. Die Entwicklung des Capitelhauses haben wir bereits oben betrachtet;[2] in der späteren Zeit war es oft ein prächtig ausgeschmückter Repräsentationsbau (Farfa, Montecassino), das Capitolium des Klosters, wie man es wohl nannte. An dieses schliesse ich gleich das Auditorium (Locutorium), den Sprechsaal für auswärtige Besucher. Ein ähnlicher Raum befand sich schon im VI. Jahrhunderte bei den Episcopalkirchen als Salutatorium, mehrfach bei Gregor v. Tours erwähnt (H. Franc. 2, 21; 6, 10; 7, 22). Er heisst auch Secretarium (ibid. 5, 19), entspricht also einigermassen der späteren Sakristei. Aus einer von Ruinart angezogenen Concilstelle (Ausg. Gregors, a. a. O. Conc. Matisc. I, can. 2) ergibt sich, dass es ein Empfangsraum der Bischöfe war, wo sie vor der Messe den Gläubigen Audienz geben, also in Form und Namen den spätantiken Palasträumen nachgebildet. Das Locutorium auf dem alten Plane von Canterbury (worüber des Nähern unten) ist in einer Art von kleinem Kreuzgang untergebracht.

Das Refectorium heisst in älterer Zeit häufig Triclinium, in Erinnerung an die lange bewahrte antike Form. Denn die Refectorien, welche sich namentlich auf griechisch-orientalischem Boden und in von dorther beeinflussten Gegenden (Ducate von Rom und Venedig) finden, zeigen jene eigenthümliche Kreuz

---

[1] Gesta abb. Trud. (M. G. SS. 10) 6, 3. Refectorium fratrum ac dormitorium Domus illa una erat, quae ad occidentem pars quarta claustri esse volebat, intertexta nichilominus pariete, habens scolam puerorum, cellarium, domum infirmorum.

[2] Es wäre hier eine Stelle aus den gleich zu erwähnenden Gesta abb. Lobiensium nachzutragen, welche zu beweisen scheint, dass noch im X. Jahrhunderte das Capitel zuweilen eine Seite des Kreuzganges bildete. c. 29. obambulatorium claustri, si ita dicendum est — quoniam nunc non aliud quomodo nominandum sit, occurrit vocabulnm — nullum erat praeter capituli domum et ligneam aediculam, quae prioris refectorii ianuam vestiebat, quae annuatim scindulis operiebatur.

gestalt, in drei Apsiden, die wahrscheinlich auf die späte Antike
zurückgeht. Gegen Ende der Republik schon kommt statt der
früheren Dreitischanordnung das bequemere „Sigma" (C) auf,
und sicher war dieses kreuzförmige Triclinium, das drei solcher
Sigmen vereinigt, eine Erfindung der Kaiserzeit. Wir finden
es bereits sehr früh, in Theveste, dann in den ehemaligen
griechischen Dependenzen Italiens, im Dom von Parenzo und
in Rom beim Triclinium Leo's III. im alten Lateranpalast
(Abb. bei Lenoir a. a. O. 2, 329, 330). Im Orient hat sich
diese Form bis in die spätesten Zeiten erhalten (s. o.). [1]

Im Abendlande begnügte man sich später mit einer einfachen
Apsis, in welche dann meist der Tisch des Abtes, wohl auch
des Lectors zu stehen kam (Fontanella, Montecassino), in
St. Gallen fehlt auch diese. Auf die Ausstattung der Refectorien
verwandte man schon früh grosse Sorgfalt. Interessant ist
hier eine Stelle aus Folcuins Klosterchronik von Laubach
oder Lobbes (in der Erzdiöc. Luttich). (Gesta abb. Lob. c. 29.)
Refectorium a fundamentis coeptum . . . . In cuius introitu
fecit vestibulum, in quo per subterraneos meatus aquae
ductum fecit, quae sursum ebulliens ibidem scaturire videtur;
concavaria huic superiori receptaculo praeparata, quae per
quattuor foramina in supposita alia aquam cribrans sufficientem
fratribus administrationem aquae distillat. Auch für die künst-
lerische Ausschmückung der Refectorien war man eifrig bedacht,
gewisse biblische Darstellungen (wunderbare Brotvermehrung,
Hochzeit zu Cana) wiederholen sich typisch im Morgen- wie
im Abendlande; namentlich das jüngste Gericht (meist wohl in
der Apsis) ist ein häufiger Gegenstand, der erst später durch
das Letzte Abendmahl abgelöst wird. [2]

---

[1] Es ist bemerkenswerth, dass diese kleeblattförmige Apsidenform
sich sowohl in antiken Grabscholen als in den ältesten christlichen Memorien
findet. In ihnen nahm man auch das Leichenmahl ein (vgl. Dehio, Kirchl.
Bauk. des Abendl. I, T. 14; 7, 8, 17). Für Friedhofkapellen bleibt diese Form
noch lange üblich.

[2] Vgl. die Stelle bei Agnellus, L. pontif. 39. (Basil. Ursiana.) sowie
einzelne Tituli Alcuins und Theodulfs (M. G. Poet. Lat. 1, 556; Alcuini
carm. 105, 4)

2. Die Abtei und Fremdenwohnung. In den ältesten
Zeiten wohnte der Abt in einem Hause mit den Brüdern.
Benedict bewohnte im Claustrum der Brüder, wie wir sahen,
mit seinem Lieblingsschüler einen „Thurm". Für die spätere
Zeit wurde es Regel, dass der Abt eine selbstständige Wohnung
ausserhalb des Claustrums habe; es hing das mit der steigenden
weltlichen Macht der Klöster zusammen. Dem entsprechend
sehen wir schon auf dem Bauriss von St. Gallen, dass die Abts-
wohnung ein eigenes Palatium repräsentirt. Sie ist eines
der wenigen zweistöckigen Gebäude des Plans; das Erdgeschoss
hat an jeder Langseite zwei Bogenhallen (porticus arcubus
lucida); ein eigenes Dienerschaftsgebäude mit Küche, Bad und
Vorrathskammer schliesst sich, durch einen schmalen Hof geschieden, an. Die ganze Aula ist von einer Umzäumung ein-
gefriedet. Sie wurde, wie wir aus den Versen eines St. Gallener
Codex wissen, erst von Grimald, Gozperts Nachfolger, (und
zwar von kaiserlichen Bauleuten) vollendet und durch Reichenauer
Künstler ausgemalt. [1]) Eine ähnliche reiche Anlage mit mächtigen
Arcaden im Erdgeschoss zeigt die „Aula nova prioris" in
Canterbury.

Eine der vorzüglichsten Pflichten der Klöster war die
Aufnahme der Fremden und Pilger. Wie schon in der Regel
Benedicts vorgesehen, gestattet das Concil von Agde den
Aebten die Errichtung von „Hospizen".

Von Praejectus, Bischof von Arvern, wird berichtet, dass
er ein Xenodochium „nach orientalischer Sitte" aus eigenen
Mitteln erbaute. (V. S. Praejecti bei Mab. A. SS. Saec. II, ad.
a. 674, c, 4): Xenodochium quoque in propriis rebus, Orientalium morem secutus, in loco qui dicitur Columbarius, fabri-
care curavit. Medicos vel strenuos viros, qui hanc curam
gererent, ordinavit.

Wieder hängt es mit dem vermehrten Wohlstand der
Klöster zusammen, dass man (schon in St. Gallen) für die vornehmen Fremden und die armen Pilger gesonderte Herbergen

---

[1]) S. die Verse bei Dümmler, Mitth. d. arch. Ges. in Zürich, 12, 209.

erbaute und die erstern — geradezu palatia genannt — reich
und bequem ausstattete.

3. Krankenviertel, Friedhof und Wirthschaftsgebäude. Das Krankenviertel, das nicht selten wie in St. Gallen
mit der Novizenwohnung verbunden ist, liegt meist etwas dem
Treiben des übrigen Klosters entrückt. Gewöhnlich ist eine
eigene Kirche für den Gottesdienst der Kranken eingerichtet
(St. Gallen, Farfa, Cluny, Hirsau, Monte Cassino). Sehr com-
fortabel war das Infirmarium in St. Trond ausgestattet. Gesta
abb. Trud. 10, 13: ... Domus infirmorum habens fumariam
sive focariam capellulam, lobiam, cameram dispensatoriam,
cameram privatam aliamque privatiorem, ortum autem eque
postibus tabulis spinis munitum, ut esset ex aëre et viriditate
infirmorum aspectibus refrigerium. Das Infirmar stellt eben ein
Kloster im Kleinen dar und hat so auch meist seinen eigenen
Kreuzgang.

Der Friedhof ist nach einer schönen Sitte, die sich in
Italien fortgeerbt hat, meist als Garten aufgefasst und behandelt
worden. Im St. Gallener Plan sind zwischen den Gräbern verschiedene Fruchtbäume eingezeichnet. Im Orient lag der Friedhof, modernster Hygiene entsprechend, ausserhalb der Kloster-
mauer. Zuweilen wird auch eine eigene Friedhofkapelle erwähnt.
Eine solche ist St. Michael in Fulda, erbaut von Eigil (Brun
c. 20.), mit einer Krypta, ein noch heute erhaltenes merkwürdiges
Denkmal karolingischer Kunst. Eine dem Täufer geweihte Kapelle
befand sich auf dem cimiterium in Aniane (Gellona), von dem
bekannten Abt Benedict erbaut. (Mab. Ann. II, l. 24, c. 28.)

Die Einbeziehung der Werkstätten und Wirthschaftsgebäude wird schon in Benedicts Regel gefordert. Die Werkstätten, nach Zünften getheilt, wachsen oft zu förmlichen kleinen
Städten an, wie uns dies aus Centula (Mab. Ann. II, l. 26, c. 69)
berichtet wird. Und diese Scheidung pflanzt sich bekanntlich
in den mittelalterlichen Städten fort, die ja, um nur das nahe-
liegendste Beispiel zu nennen, wie St. Gallen, vielfach aus den
Niederlassungen der Klosterleute entstanden sind. Und so haben
die Klöster auch in dieser Richtung organisatorisch gewirkt.

V.

CLUNY UND DER ORDO FARFENSIS.

Die Weltlage am Ende des ersten Jahrtausends war nicht so beschaffen, dass sie einen erfreulichen Ausblick in die Zukunft gewährt hätte. An der Spitze des mächtigsten abendländischen Reiches stand ein phantastischer Träumer, im Westfrankenreiche stieg der Letzte eines grossen Herrscherstammes fast unbeachtet in ein wenig rühmliches Grab; von Osten und Süden her drang der Islam vor. Dazu die Erwartung, dass man am Ende der Zeit stehe. Unter solchen Umständen erwuchsen die neuen kirchenreformatorischen Ideen und gewannen fruchtbaren Boden in den umdüsterten Gemüthern der Menschen.

Der entscheidende Anstoss ging von dem burgundischen Kloster Cluny aus. Zunächst wurde das Mönchthum von der Bewegung ergriffen; es war der heilige Odilo (994—1049), welcher die Reform des Benedictinerordens in das übrige Frankreich, nach Deutschland und Italien trug.[1]

Cluny ist eines jener „Musterklöster"[2] des Mittelalters, d. h. ein bewundertes und genau befolgtes Vorbild für andere

---

[1] Ringholz, Der heilige Odilo von Cluny, Studien und Mittheilungen a. d. Ben. O. 5 und 6.

[2] Das Institut der Musterklöster kennt schon die Merowinger-Zeit. Bei Marculf 1, 1, (M. G. L.L. 5, 39, Rozière, Rèc. des Formules 2, 574) sind Lérins, St. Maurice in Wallis (Agaunum) und Luxeuil (leider fehlen uns Nachrichten über ihre bauliche Gestaltung) als solche genannt. Ebenso in Urkunden des VII. und VIII. Jahrhunderts, cf. Sickel, Beiträge z. Dipl. 4, 5. (Wiener SB. 47.)

reformirende Klöster. Für uns ist es äusserst wichtig, dass wir den Nachweis erbringen können, dass es auch in seiner a r c h i - t e k t o n i s c h e n Gestaltung unmittelbar einwirkte. Wir können diesem Einflusse bisher an zwei Stellen nachgehen, im Schwarz- waldkloster Hirsau und in Farfa im Sabinerlande, zwischen welchen Antipoden gewiss eine ganze Reihe weiterer Etappen liegt.

Das letztere ist uns vor Allem wichtig durch ein Docu- ment, welches den innigen Zusammenhang mit Cluny beweist und vielleicht eine der wichtigsten Quellen der mittelalterlichen Kunst- und Culturgeschichte ist.

Das Kloster Farfa am gleichnamigen Flüsschen (mona- sterium S. Mariae in Acutiano) liegt auf halbem Wege zwischen Rom und Reate im Sabinergebirge.[1]) Seine Gründung reicht mythisch bis in die letzten Zeiten der Gothenherrschaft hinauf; als eigentlicher Begründer von Farfa gilt aber der hochverehrte Abt Thomas, ein Franke von Geburt († um 720?). Auch die folgenden Aebte bis in's X. Jahrhundert hinein waren vor- wiegend fränkischer Abstammung. So erklärt sich auch, dass Farfa stets in enger Verbindung mit den deutschen Herrschern war. Es war im Genusse der Immunität und mit weitreichenden Privilegien ausgestattet. Auf dem Wege nach Rom nahmen die deutschen Könige und Kaiser hier mit Vorliebe Absteig- quartier.[2])

Unter Abt Petrus (ca. 890—923) wurde das Kloster von den Saracenen zerstört. Schon früher scheint arge Sittenlosigkeit und Verwilderung der Klosterzucht eingerissen zu sein. Diese Zustände dauerten bis an die Wende des X. Jahrhunderts. Es

---

[1]) A m a t i , Diz. corogr. della Italia 3, 610. M a b i l l o n , Ann. O. B. 4, 120 und 206. B a r b e r i n i , Synodus dioces. insign. abbatum S. M. Farf., Rom 1686 (mir nicht zugänglich). C o l u c c i , Mem istor. dell' ant. Badia di F. (in den Antich. Picenc. vol. 21), Fermo 1797. M a r i n i M., Serie cronol. degli abb. di F., Rom 1839. Die Quellen als Historiae Farfenses von B e t h m a n n , M. G. SS. 11. Die Urkunden: Regesto di F. von G i o r g i und B a l z a n i , Rom 1879 f. G i e s e b r e c h t , Kaiserzeit 1, 356, 363, 723 W a t t e n b a c h , G. Q. 1, 290; 2, 193 f.

[2]) Giesebrecht 1, 356.

ist bezeichnend, dass Hugo, Farfas bester und grösster Abt, durch Simonie in den Besitz seiner Würde gelangte (997, mit Unterbrechungen bis 1039).

Hugo stellte die verfallene Klosterzucht mit fester Hand wieder her, indem er mit dem berühmten Abt Odilo von Cluny in Verbindung trat und die cluniacensischen Reformen auch für Farfa einführte.[1]) Die Klostergebäude wurden von ihm in würdiger Weise neu aufgeführt, ein reichhaltiger Bücherschatz angelegt. Hugo war ein literarisch gebildeter Mann. Es haben sich mehrere Schriften von ihm erhalten; eine derselben wurde oben erwähnt; sie sind vorwiegend historischer Art, aber immer von actueller, seinem Kloster zugewendeter Bedeutung. Auf die für uns wichtigste Schrift, wenn sie auch nur mittelbar auf ihn zurückgeht, komme ich später zu sprechen.

Wie schon bemerkt, war Farfa eine Hochburg des Kaiserthums. Es ist begreiflich, dass Rom das kaiserliche Stift, welches so nahe vor seinen Mauern lag, sehr unbequem fand und es auf alle Weise unter seine Botmässigkeit zu bringen suchte. So war es denn, namentlich während der Kämpfe zwischen geistlicher und weltlicher Macht, welche das XI. Jahrhundert erschütterten, mannigfachen Schicksalsschlägen ausgesetzt. Und als das siegreiche Rom auf italischem Boden seine Herrschaft ausbreitete, da unterlag auch Farfa. Fortan von der Curie aus verwaltet, verliert es immer mehr und mehr an Bedeutung. Der Theilnahme an den grossen geschichtlichen Ereignissen entrückt, sinkt es schon im spätern Mittelalter zum Niveau eines ruhigen, halbvergessenen, aber doch immer noch behäbigen Landklosters herab, das von seinen grossen Erinnerungen zehrt. In neuerer Zeit, als das Geschichtsstudium neue Bahnen einschlug, hatte zwar Farfa immer einen gewissen Ruf in der gelehrten Welt, namentlich durch den Urkundenreichthum seines Archivs, welches wiederholt Gelehrte von der Bedeutung eines Mabillon durchforschten. Seit jener Zeit allerdings war es ausserhalb Italiens beinahe halbmythisch geworden, bis Bethmann 1853 seine historischen Quellen herausgab und

---

[1]) Vgl. die Constitutio bei Gregor von Catina, Reg. di F. 2, n. 472.

in jüngster Zeit endlich auch die lange ersehnte neue Ausgabe des Registrum Farfense durch Giorgi und Balzani erfolgte. In unserm Jahrhundert ist das Kloster stark in Verfall, sein Abt residirt in Rom, und als Bethmann 1853 dort weilte, war der einzige Bewohner der Prior D. Bern. Lertora.[1])

Diejenige aus Farfa hervorgegangene Schrift, welche uns hier am meisten interessirt, ist die sogenannte Disciplina Farfensis,[2]) (auch Usus F. genannt). Wir sprachen oben von den cluniacensischen Reformen Hugos; das Buch, welches allerdings in der Redaction eines Mönchs Guido, der aber ein Zeitgenosse des Abts war, vorliegt, geht wohl im Wesentlichen auf Hugo zurück. Es schliesst sich eng an den „Liber tramitis" eines apulischen Mönchs Johannes, eines Schülers des h. Romuald, an, welcher in zwei Büchern die cluniacensische Regel behandelte (vgl. die praefatio zur Disc. Farf.), ferner an des Udalricus Antiquiores Consuetudines Cluniac. monasterii (s. XI. in.).[3]) Da im Prolog Odilo von Clugny noch als lebend, anderseits aber Kaiser Konrad II. und Abt Hugo als schon verstorben erwähnt werden, so fällt die Redaction zwischen die Jahre 1039—1048.

Die Schrift zerfällt in zwei Bücher. Das erste enthält fast durchwegs Vorschriften über die feierliche Begehung der Festtage; das zweite Regeln für das klösterliche Leben selbst, über Aufnahme der Novizen, Abtwahl, die Kleiderordnung, die Klosterämter etc. Interessant ist das Ceremoniel bei Empfang eines Königs (c. 32), ferner die Bibliotheksordnung (c. 51).

An der Spitze dieses zweiten Buches steht nun ein Abschnitt, De positione seu mensuratione officinarum betitelt (cap. 1.), den wir der Kürze wegen Ordo Farfensis nennen

---

[1]) Pertz, Archiv 12, 487.

[2]) Vollständig gedruckt in Herrgott's Vet. Disc. monast. (Opp. Congreg. Sanblas. Paris 1726), ein Wiederabdruck bei Migne, Patrol. Lat. 150, 1191 f. Der „Ordo Farf." ist separat gedruckt bei Mab. Ann. O. B. 4, 206, dann bei Bethmann SS. 11. Handschriftlich existiren 2 Codd, einer aus Farfa, der wie die meisten Handschriften dieses Klosters in die Vaticana gekommen ist (s. XI. no. 6808); der zweite in dem Schwesterkloster S. Paul Fuori vor Rom (s. XI. ex.)

[3]) Gedruckt bei D'Achéry, Spicileg. 4, 21. Ed. nova (Paris 1723), 1, 641.

wollen. Er ist das einzige Document dieser Art, das uns in der frühmittelalterlichen Literatur erhalten ist, und übertrifft an Reichhaltigkeit alle andern Beschreibungen von Kloster-anlagen dieser Zeit, die von M. Cassino bei Leo v. Ostia etwa ausgenommen, die eben als Beschreibungen einen ganz andern Charakter tragen. [1]

---

[1] Ecclesiae longitudo 140 pedes, altitudo 43, fenestrae vitreae 160. Capitulum vero 45 p. longitudinis, latitudinis 34, ad orientem fenestrae 3, contra septentrionem 3, contra occidentem 12 balcones, et per unumquemque afixe in eis 2 columpnae. Auditorium 30 p. longitudinis. Camera vero 90 p. long. Dormitorium longitudinis 160 p., lat. 34 p., omnes vero fenestrae vitreae quae in eo sunt 97, et omnes habent in altitudine staturam hominis, quantum se potest extendere ad summitatem digiti, lat. vero p. 2 et semissem unum; alt. murorum 23 p. Latrina 70 p. long., lat. 23. Selle 45 in ipsa domo ordinatae sunt, et per unamquamque sellam aptata est fene-strula in muro alt. 2 p. lat. semissem unum et super ipsas sellulas compositas strues lignorum et super ipsas constructionem lignorum factae sunt fenestrae 17, alt. 3 p., lat. pedem et semissem. Calefactorium 25 p. lat. long. eandem mensuram. A ianua ecclesiae usque ad hostium calefactorii 75 p. Refec-torium long. 90 p, lat. 25., altit. murorum 23 p., fenestrae vitreae quae in eo sunt ex utraque parte 8 et omnes habent alt. 5 p., lat. 3. Coquina regularis 30 p. long. et. lat. 15. Coquina laicorum eademque mensura. Cellarii vero long. 70, lat. 60 p. Aelemosynarum quippe cella p. lat. 10, long. 60 ad similitudinem latitudinem cellarii. Galilea long. 65 p., et 2 turrae sunt ipsius galileae in fronte constitutae et subter ipsas atrium est, ubi laici stant, ut non impediant processionem. Ad porta meridiana usque ad portam aquilonarem 280 p. Sacristiae 58 p. long., cum turre quae in capite eius constituta est. Oratorium S. Mariae long. 45, lat. 20, murorum alt. 23 p. Prima cellula infirmorum lat. 27 p., long. 23, cum lectis 8 et sellulis totidem in porticum iuxta murum ipsius cellulae deforis, et claustra predicte cellulae habet lat. p. 12. 2da cellula similiter per omnia est coaptata. 3a eodem modo, similiter et 4a, 5a sit minori ubi conveniant infirmi ad lavandum pedes die sabbatorum vel illi fratres qui exuti (Var. exusti) sunt, ad mutandum. 6a cellula preparata sit, ubi famuli servientes illis lavent scutellulas et omnia utensilia. Iuxta galileam constructum debet esse palatium long. 135 p., lat. 30 ad recipiendum omnes supervenientes homines, qui cum equitibus adventaverunt monasterio. Ex una parte ipsius domus sint preparata 40 lecta et totidem pulvilli ex pallio ubi requiescant viri tantum cum latrinis 40. Ex alia namque parte ordinati sint lectuli 30, ubi comitissae vel aliae honestae mulieres pausent, cum latrinis 30, ubi sole ipse suas indigerias procurent. In medio autem ipsius palatiis affixe sunt

Trotzdem ist dies wichtige Document für die Wissenschaft, die es eigentlich angeht, die Kunstgeschichte, so gut wie gar nicht verwerthet worden. Dem weiten Blicke Schnaase's,[1] der aber auch nur nebenbei, in einer Anmerkung von drei Zeilen darauf hinweist, ist es freilich nicht entgangen. Weder Lenoir, noch Caumont, noch auch in jüngster Zeit Springer, erwähnen seiner auch nur mit einer Silbe.

Und doch stellt sich dies Document in mehr als einer Hinsicht neben den berufenen Klosterplan von St. Gallen. Es ist ein Unicum wie dieser und weist gar manche Analogien mit ihm auf, vor Allem aber gibt es uns dasjenige, was der Bauplan graphisch festumrissen zeigt, mit dem ausdeutenden

mense, sicut refectorii tabulae, ubi sedant tam viri quam mulieres. In festivitatibus magnis sit ipsa domus adornata cum cortinis et palliis et bamcalibus in sedilibus ipsorum. In fronte ipsius sit alia domus long. 45 p. lat. 30 p. nam ipsius longitudo pertingant usque ad sacristiam; et ibi sedeant omnes sartores et sutores ad suendum quod camerarius eis precipit; et ut praeparata habeant ibi tabulam long 30 p. et alia tabula sit affixa cum ea, quarum lat. ambarum tabularum habeat 7 p. Nam inter istam mansionem et sacristiam et ecclesiam necnon et galileam sit cimiterium, ubi laici sepeliantur. Ad porta meridiana usque ad portam septentrionalem contra occidentem sit constructa domus long. 280 p. lat. 25, et ibi constituantur Stabulae equorum per mansiunculas partitas et desuper sit Solarium, ubi famuli edant et dormiant, et mensas habeant ibi ordinatas long. 80 p. lat. vero 4 p.; et quotquot ex adventantibus non possunt reficere ad illam mansionem, quam superius diximus, reficiant ad istam; et in capite ipsius mansionis sit locus aptitatus, ubi conveniant omnes illi homines qui absque equitibus deveniunt, et caritatem ex cibo et potum, in quantum convenientia fuerit, ibi recipiant ab elemosynario fratre. Extra refectorium namque fratrum 60 p. in capite latrinae sint criptae 12 et totidem dolii preparati, ubi temporibus constitutis balnea fratribus preparentur; et post illam positionem construatur cella novitiorum et sit angulata in quadrimodis, videl. 1ma ubi meditent, in 2da reficiant, in 3a dormiant, in 4a latrina ex latere. Iuxta istam sit depositum alia cella, ubi aurifices vel inclusores seu vitrei magistri conveniant ad faciendam ipsam artem. Inter criptas et cellas noviciorum et aurificum habeant domum long. 125 p. lat. vero 25, et eius long. perveniat usque ad pistrinum. Ipsum namque in long. cum turre, quae in capite eius constructa est, 70 p. lat. 20 p.

[1] Gesch. d. B.-K. 4, 119 Anm. Schnaase stellt mit richtigem Gefühl den O F. neben den Klosterplan von St. Gallen.

. Wort wieder, es ist, kurz gesagt, eine Bauordnung, und zwar
die älteste uns erhaltene.[1]
Ich wies schon oben auf die Verschiedenheit des O. F.
von Klosterbeschreibungen hin. Schon ein äusseres Merkmal
deutet darauf, dass er als Norm, als Bauordnung aufzufassen
sei, seine Stellung mitten unter den Vorschriften für das Klosterleben. Er gibt gleichsam den Rahmen ab, in welchem sich die
Hausregeln der folgenden Capitel einordnen. Wir ersehen das
aber auch aus der ganzen Haltung des Documents. Anfangs
ist Mass und Bestimmung der einzelnen Gebäude im Indicativ
gegeben.[2] Mitten in der Aufzählung der Räumlichkeiten des
Krankenhauses setzt plötzlich der Coniunctivus hortativus ein,[3]
der von da bis zum Schluss fortgeht. Es ist, als habe sich der
Schreiber plötzlich besonnen, und es macht fast den Eindruck,
als wären jene zuerst erwähnten Gebäude schon vollendet
dagestanden.
    Der Charakter des O. F. als Bauvorschrift ist also
wohl hinreichend festgestellt. Der Zweck seiner Inserirung in
die Disciplina Farf. mochte der sein, einmal, wie es ähnlich

---

[1] Es ist seit dem Niedergang der Antike das erste Document, das
uns wieder in die architektonische Praxis hineinführt, denn jene Kunstbücher
der alten griechischen Baumeister, des Theodoros von Samos, des Philon über
die Hoplothek des Piräus (Vitruv. 7, praef. 12.) waren wohl nichts Anderes
als technische Vorschriften, die sich in den Bauhütten fortpflanzten. Das
einzige erhaltene Werk des Vitruv ist ein letzter, schon wissenschaftliche
Ambitionen zeigender Ausläufer. Von der Tradition in den meisten andern
Bauhütten wissen wir, auch da die romantischen Nebel sich zerstreut haben,
wenig; doch gehört in gewisser Beziehung der Bericht des Gervasius von
Canterbury: Tractat. de combustione ac reparatione Cantuar. eccl. (bei Twisden,
Hist. Angl. SS. col. 1289) hieher. Die Renaissance beginnt gleich mit der höchst
bedeutenden Denkschrift Brunellescos über S. Maria del Fiore (Vas. Mil. 2,
347 ff.). In der spätern Zeit tritt vorwiegend das schriftstellerische, dilettan-
tisch-theoretische Interesse, wie bei L. B. Alberti, hervor.

[2] Vgl. subter ipsas atrium est...; claustra praedictae cellulae habet
lat. etc. Auch in den Const. Hirsang. (s. u.) sind die Vorschriften im Indicativ
gehalten.

[3] 5ta sit minori, ubi conveniant etc. Ganz auffällig: Juxta galilaeam
debet constructum esse palatium etc.

im weitern Verlauf mit den Reliquien geschieht, ein zusammen-
fassendes Bild der Klosteranlage zu geben, dann vielleicht auch,
um nach Bränden oder ähnlichen destructiven Ereignissen die
ursprüngliche Anlage möglichst nach dem alten Muster (und
dieses ist, wie wir im Folgenden sehen werden, Cluny) wieder
herzustellen.

Dass diese Bauordnung für Farfa, und zwar speciell für
dieses bestimmt war, glaube ich mit ziemlicher Wahrscheinlichkeit annehmen zu können. Der in dem Schwesterkloster
St. Paul geschriebene und für dieses bestimmte Codex der
Disc. Farf. lässt nämlich, sowie Alles von blos localem
Interesse (so z. B. die Bücherordnung), so auch diesen Abschnitt aus, der für dieses Kloster keinen praktischen Nutzen
haben mochte. Auch die ältern Disciplinarbücher, z. B. des
Udalricus, enthalten derlei Vorschriften nicht.

Wir befinden uns diesem merkwürdigen Document gegenüber in einer ähnlichen Lage, wie der Diplomatiker, der sich
die Frage nach dem Concept einer Urkunde stellt. Ich glaube,
der Gedanke liegt nahe, dass der Verfasser des Ordo einen
G r u n d r i s s vor sich hatte, ähnlich dem von St. Gallen und
wohl ebenso schematisch und ohne Rücksichtnahme auf das
Terrain gezeichnet. Das Mittelalter liebt ja bekanntlich zu
schematisiren. Auf diese Annahme werden wir namentlich dadurch gewiesen, dass auf den G r u n d r i s s überall der meiste
Nachdruck gelegt ist, Länge und Breite der Gebäude fast
durchweg genau angegeben sind. Die „Balcones" des Capitulum
konnten ja, ähnlich wie in St. Gallen die Arcaden des Kreuzganges, in einer Art Projection eingezeichnet sein, ebenso die
Tische etc. Schon specieller sind aber die wenigen H ö h e n-
a n g a b e n (bei der Kirche, dem Dormitorium und Refectorium),
ferner die genaue Angabe der Latrinenconstruction, die doch
über ein blosses ichnographisches Schema weit hinausgeht.
˙Nicht ohne Bedeutung ist dann auch das besonders reich aus-
gestattete Palatium, wie es für Farfa, das beliebte Absteige-
quartier der deutschen Herrscher mit ihrem zahlreichen Gefolge
ganz besonders geboten war.

Wie mir dunkt, haben wir also eine für l o c a l e V e r -
h ä l t n i s s e, hier für Farfa, adoptirte und ergänzte B a u -
o r d n u n g vor uns, deren Grundlage ein solcher s c h e m a t i -
s c h e r A u f r i s s bildete, wie er uns in einem Exemplar in der
Bibliothek zu S t. G a l l e n noch erhalten ist. Auf die historische
Stellung kommen wir später zurück.

Der Versuch, diesen Bauriss zu reconstruiren, dürfte also
nicht ohne Interesse sein. Freilich muss ich zur Rechtfertigung
dieses Versuches betonen, dass meine Reconstruction nicht mehr
als eine mögliche Lösung dieser Aufgabe bietet. Dergleichen
hat ja immer sein Missliches: die Phantasie mischt sich gar
zu gern ein und ergänzt das unvollkommene Wort. Ich war
immerhin bestrebt, mich so eng wie möglich an den Text
zu halten und vom Gegebenen per analogiam zu schliessen.
Conjecturen waren freilich auch hier nicht zu vermeiden. Dazu
kommen noch mannigfache Schwierigkeiten. Der O. F. ist in
verwildertem, barbarischem Latein geschrieben, der Ausdruck
oft dunkel und zweideutig, die Beschreibung sprunghaft und
unverständlich. Mitunter ist geradezu Wesentliches ausgelassen.
Bei der Basilika ist wohl Höhe und Länge, aber nicht die
Breite angegeben, desgleichen bei der Sakristei. So viel zur
Rechtfertigung.

In der Destructio Farfensis, einer kleinen Schrift Hugos,
ist uns eine kurze Beschreibung der Klosterbaulichkeiten erhalten,
die um 890 unter Abt Petrus von den Arabern zerstört wurden.[1])
Sie ist auch für die spätere Anlage interessant.

[1]) Destr. Farf. c. 2 (SS. XI. a. a. O.): Ipsa namque maior ecclesia tota
plumbeo tecto cooperiebatur. .... Basilicae aliae absque maiore quinque ib.
erant, quarum una, quae a d h u c s t a t, in h o n o r e S. P e t r i constructai
in usu canonicorum habebatur; s e c u n d a vero et t e r t i a ad opus erant i n f i r -
m o r u m m o n a c h o r u m. Harum vero duarum una erat pro infirmis, qui iam
convalescebant, alia vero pro illis qui proximabant morti, simul adiunctis
d o m i b u s e t b a l n e i s, que ad utrorum ordinum utilitatem composita habebant. 4ta autem in p a l a t i o r e g a l i constituta erat, quod ibi honorificum
satis edificatum erat, in quo imperatores hospitabantur, quando illuc visitandi
gratia veniebant. 5ta vero ecclesia extra muros ipsius monasterii edificata in
honore S. Marine parva quidem, sed mirifice constructa, ubi mulieres conveniebant orationis causa et visitationis, quia ut senum refert relatio, antiquitus

4

Das Kloster schloss fünf Kirchen ein. Der Kirchenschatz der Hauptkirche war reich ausgestattet. (Besonders interessant ist die Erwähnung eines Altartuches mit der Darstellung des jüngsten Gerichts.) Eine zweite und dritte Kirche (offenbar verbunden) war für die Reconvalescenten und Schwerkranken bestimmt, an sie schloss sich wahrscheinlich ein Claustrum (wie in St. Gallen, wo aber das Novizenhaus verbunden ist) an; auch Bäder werden erwähnt. Die vierte war eine Hauskapelle in der Kaiserpfalz, die fünfte dem heiligen Petrus geweiht. Alle Gebäude waren, wie ausdrücklich erwähnt wird, mit Ziegeln gedeckt und mit Steinfliesen gepflastert. Reste davon waren noch zu Hugos Zeit zu sehen. Vor Allem ist aber die Erwähnung eines innern und äussern Claustrum interessant, von denen das erste für die Mönche, das zweite für die Laien bestimmt war. Das ganze Kloster (claustrum totius monasterii) war von allen Seiten mit einer Mauer umgeben und von Thürmen bewehrt „nach Art einer festen Stadt". Das reichsunmittelbare Kloster, welches natürlich eigene Gerichtsbarkeit besass, hatte dafür auch eine eigene Pfalz, die aber ausserhalb der Mauern am Flüsschen Riana lag. „Was soll ich noch weiter sagen," ruft begeistert der Verfasser aus, „im ganzen Königreich Italien gab es kein Kloster, das sich an Herrlichkeit mit diesem messen durfte, ausgenommen Nonantula, und nicht einmal dieses in allen Dingen, wie Viele sagen."

Der Verfasser des Ordo geht von dem Hauptbestandtheil der ganzen Anlage, dem claustrum, und zwar von der Basilika

---

nulla mulierum intra muros illius ingrediebantur monasterii, sed quotienscumque reginae aut aliae mulieres causa qua supra diximus, illuc properabant, in basilica parvula, quam praediximus, faciebant ad se venire abbatem ipsius loci vel fratres ..... Officinae cunctae laterculis coopertae habebantur, pavimenta vero lapidibus quadratis, et septis omnia strata erant, ut usque hodie ex parte apparent. Arcus deambulatorios per totum circuitum habebantur intus et foris, quia ut intra erant claustra ad utilitatem monachorum, ita erant extra ad laicorum. Foris vero claustrum totius monasterii ex omni parte erat fortiter munitum et turritum ad instar fortis civitatis, placita quoque et iudicia numquam ibi exercebantur sed habebant unum palatium ultra Rivum, qui Riana dicitur, ubi haec gerebantur.

aus. Ihre Länge beträgt 140 Fuss, die Höhe, wohl des Haupt-schiffs, 43 Fuss. Auffallend ist die grosse Zahl der Glasfenster (wie ausdrücklich bemerkt wird), nämlich 160. Sonst erfahren wir über die Kirche gar nichts weiter, weder ihre Breite ist angegeben, noch etwas über Anordnung der Altäre etc. gesagt. Von der alten Basilika wissen wir, dass sie mit Blei gedeckt war. Doch erhalten wir nähere Aufschlüsse über die Gestalt der Kirche durch den weiter zu erörternden Zusammenhang mit Cluny. Zwar ist der hier in Frage kommende Bau des Majolus von 981 so gut wie sein Nachfolger (von Hugo 1089 begonnen) nicht mehr vorhanden, doch hat Dehio [1] seinen Typus sowohl in der Normandie (Bernay) als besonders in der weitverbreiteten Hirsauer Schule bestimmt nachgewiesen. Das Charakteristische dieses Typus ist die auch hier erwähnte Vorhalle mit Thürmen und Atrium, Mangel der Krypta, dann besonders das drei-schiffige Chorhaus, welches mitunter gerade schliesst. (Dieser Chorschluss wurde später bekanntlich von den Cisterciensern angenommen.) An die Kirche ist das Capitulum angebaut, und zwar an die Nordseite derselben (wie im Süden des Klimas wegen vorherrschend), was sich hier durch den Umstand ergibt, dass nur an der Nord- und Ostseite Fenster (drei an der Zahl) erwähnt werden, an der Westseite jedoch zwölf balcones. Diese balcones lassen darauf schliessen, dass das Gebäude ein Ober-stockwerk hatte. Was die Form der balcones betrifft, so erfahren wir, dass „an jedem zwei Säulen angeheftet (affixae)" sind. Das dürfte vielleicht so aufzufassen sein, dass zwei Zwerg-säulen paarweise auf vorspringenden Consolen (eine Form, die schon die spätantike Baukunst kennt) die Fussplatte des Balcons, also ganz in moderner Weise, aufnähmen.[2] Die Erwähnung der Säulen als affixae lässt aber anderseits dem Gedanken Raum, es handle sich um eine rein ornamentale Verwendung der Säulen, (wie so häufig in der Cosmatik [3]). Bei

---

[1] Die kirchliche Baukunst des Abendlandes 1, 272.

[2] Auch das römische Stadthaus kannte Balcone (maeniana), cf. den Excurs in Becker-Gölls Gallus 2, 287.

[3] Der Gedanke, Säulen rein ornamental (als Wandschmuck) zu ver-wenden, gehört schon dem hellenistischen Alterthum an. Er findet sich in

Rohault de Fleury (La messe, 3, pl. 36) ist die Kanzel aus
S. Maria Aracoeli in Rom abgebildet, die an der Vorderseite
des pulpitums zwei solcher Säulen zeigt. In ähnlicher Weise
verziert liesse sich der in Art der italienischen pergola vorspringende Balcon wohl denken. Diese Balconreihe stempelt
diese Seite des Capitels zur Façade und repräsentirt das
eigentliche Kloster würdig dem gegenüberliegenden Gastquartier,
in dem weltlich höfischer Prunk gar oft seinen Einzug halten
mochte.

An das Capitel schliesst sich wie im Text sowohl auch
baulich das Auditorium an. Ich glaube dasselbe mit dem
Locutorium, dem Sprechsaal der Mönche im Verkehr mit den
Laien, identificiren zu dürfen. Es ist auch hier im äussern
Bezirk der regulären Baulichkeiten, nahe den beiden Thoren
des Klosters und den Fremdenwohnungen ganz am Platze.
Daran schliesst sich ein anderes, durch seine auffallende Länge
(90 Fuss) bemerkbares Gebäude an, Camera genannt. Ueber
seine Bestimmung verlautbart nichts; näheres erfahren wir
darüber aus den Constitutiones des Klosters Hirsau, welches
unter Abt Wilhelm (1030—1089) die cluniacensischen Reformen
annahm. In der Zeichensprache, deren sich die Cluniacenser
bedienten, findet sich unter Anderm auch das Signum für die
Camera (Constit. Hirsaug. Migne Patrol. Lat. 150, 1, 24 De
signis aedificior : ..pro signo camerae, praemisso generali, signum
numerandi adde", denn die camera steht unter dem camerarius, dessen Pflichten C. H. 2, 36) hauptsächlich in der
Annahme des Census der Villen etc. bestehen. Er nimmt auch
die Oblationen entgegen, hat aber auch für die Kleider der
Mönche etc. zu sorgen. Auch in Hirsau gehörte die Camera
zum Claustrum (C. H. 2, 30): Quoties loquimur in claustro, ipse
(camerarius) vel adiutor eius qui clavem camerae portat, numquam
deest, tunc enim auditurus est a singulis, quid ille aut quid ille
opus habet. Durch diese ihre Bestimmung scheint also ihr

---

ien pompejanische Wanddecorationen des zweiten Styls, dann in der sogenannten
basilika der Kaiserpaläste am Palatin.

Platz an diesem äussersten Tracte des Claustrums ganz an-
gemessen. Die Aufzählung geht nun allem Anschein nach zu dem
dem Capitel und seinen Anbauten gegenüberliegenden Tract
des Claustrums über, dem Dormitorium. Es ist 160 Fuss lang,
34 Fuss breit, 23 Fuss hoch und hat 97 Glasfenster, so hoch
als ein Erwachsener sich auf den Fussspitzen heben kann und
2½ Fuss breit. Die Einrichtung der Latrine, die wir offenbar
wie in St. Gallen verbunden denken müssen, wird aufs Genaueste
vorgeschrieben. Sie hat 45 Abtritte, über jedem ist ein Fenster-
chen, 2 Fuss hoch, 2½ Fuss breit, in die Mauer gebrochen.
Die geheimen Gemächer, die man sich wohl in einer Flucht
fortlaufend zu denken hat, sind mit einem Sparrensystem
(strues lignorum) gedeckt. Ueber diesem erhebt sich die Wand,
in welcher 17 Fenster angebracht sind (3 Fuss hoch. 1½ Fuss breit),
offenbar um den Raum des Latrinenhauses, in dem in St. Gallen
Tische und eine Lampe stehen, genügend zu erhellen. Vor [1])
dem Dormitorium befindet sich auch das Calefactorium, die
Wärmstube, von der aus der Schlafsaal geheizt wird, wohl
durch das antike System der Hypocausten. In St. Gallen
befindet es sich im Erdgeschoss des Dormitoriums, in Farfa ist
es ein eigenes Gebäude, was wohl die Angabe seiner Masse
und die Bestimmung seiner Lage durch Angabe der Entfernung
(75 Fuss) seiner Thür von der Pforte der Kirche andeutet.
    Der Verfasser wendet sich nunmehr zu dem dritten Tract,
welcher die beiden obgenannten verbindet und das Claustrum
nach aussen abschliesst. Wir sind genöthigt, dem Refectorium
mit seinen Nebenbauten diesen Platz anzuweisen, obwohl scheinbar dadurch ein Sprung in der Beschreibung entsteht; denn
die Anordnung des Refectoriums gegenüber der Kirche ist
mit wenigen Ausnahmen (s. o.) namentlich für diese spätere

---

[1]) Wir können uns die Stellung des Calefactoriums nur innerhalb
des Kreuzganges denken, da unter der ianua ecclesiae' (geschieden von der
porta galileae) nur ein speciell für die Mönche bestimmter Eingang im nördlichen Seitenschiffe verstanden sein kann. (Vgl. die Stellung des Archivs in
Fontanella.)

54

Zeit eine stereotype. Das Refectorium bildet ein lang-
gestrecktes Rechteck (90 × 25 : 23 Fuss). „Ex utraque parte"
d. h. wohl an jeder der beiden nicht angebauten Langseiten
hat es acht Glasfenster (5 × 3 Fuss). In seiner Nähe befindet sich
die für die Mönche bestimmte Coquina regularis (25 × 30 Fuss).
Im Zusammenhang mit ihr wird die Laienküche erwähnt,
wohl nur der gleichen Bestimmung und gleichen Masse halber,
da sie doch ihren Platz hinter dem Speisesaal des unten zu
erwähnenden Palatium gefunden haben wird.[2])
An das Refectorium schliesst sich das Cellarium, der
Keller, das Vorrathshaus, an (70 × 60 Fuss). Offenbar an dieses
ist das Haus des Armenpflegers, Aelemosynarium angebaut,
da erwähnt wird, es sei ebenso lang als das Cellarium breit
(10 × 60 Fuss). Es liegt jedoch, seinem Zwecke entsprechend,
schon ausserhalb der Clausur und wie ich vermuthe, nahe der
nördlichen Pforte des Klosters.
Die regularen Baulichkeiten sind damit abgeschlossen.
Zwischen ihnen befindet sich, obwohl nicht ausdrücklich bezeichnet, das Centrum des Klosters, der mit Arcaden (arcus
deambulatrii, wie sie in der Beschreibung des alten Klosters
heissen) umgebene Kreuzgang, das Claustrum x. ε. Auf der
Südseite lehnt er sich an die Kirche (140' ohne die Galilaea), die
Ostseite ist vom Dormitorium eingenommen (160'), die Westseite
vom Capitel, Auditorium und Camera (45' + 30' + 90' = 165'),
die Nordseite vom Refectorium und Cellarium (90' + 70' = 160')
flankirt. Wir erhalten somit einen annähernd quadratischen
Raum (160' : 160'; 165' : 165' s. die Reconstruction). Nähere
Angaben über das Claustrum erhalten wir in der Disc. Farf.
I, 2, wo es von der Procession am Gründonnerstage heisst:
Decanus autem claustrensis et decanus dignior forensis, cum
camerario, interim dum in refectorio sunt fratres, in locum
quo constitutum est, videl. in claustrum iuxta ecclesiam
deducant pauperes ad sedendum. Exeuntibus de refectorio

---

[2]) S. Benedicti regula 53: coquina abbatis et hospitum per se sit, ut
in certis horis supervenientes hospites, qui numquam desunt monasterio,
non inquietent fratres (mit dem Ordo völlig übereinstimmend).

fratribus sonet prior tabulam, conveniant omnes in claustrum, iuxta promptuarium stent. Dieses Promptuarium ist wohl mit dem Cellarium oder einem Raume desselben identisch.[1] Auf eine weitere Stelle komme ich unten zurück.

Die Aufzählung holt nun einige mit der Kirche in näherem . Zusammenhang stehende Baulichkeiten nach. Wir hören von einer Galilaea 65' lang,[2] an deren Vorderseite (in fronte) zwei Thürme angeordnet sind, unter welchen (subter ipsas) sich ein Atrium befindet, „in welchem die Laien stehen sollen, auf dass sie die Procession nicht aufhalten".

Der Ausdruck Galilaea begegnet mehrfach in der mittel-alterlichen Literatur. Ich stelle im Folgenden die Stellen nach Du Cange zusammen, wobei ich Einiges nachtrage: Bernard. mon. Consuet. Cluniac. (mss.) c. 34: similiter cum redeunt ad introitum ecclesiae, ad exitus vero galileae. Hist. mon, S. Flor. Salmur. (bei Martène, Coll. ampl. 5, 1133.): multa aedi-ficia fecit utpote introitum ecclesiae cum galilaea. Es ist also ganz augenscheinlich eine Vorhalle, dem Narthex der altchristlichen Kirche vergleichbar. Dass sie auch als Begräb-nissplatz für vornehme Laien benützt wurde, beweist die Stelle in der Vita ven. Richardi abb. Vird c. 3. (A. SS. Juni II, 983 f.): Hildradus comes . . . defunctus in galilaea tumulari meruit.[3] Solche Galilaeen sind uns noch erhalten. Eine befindet sich, in gothischer Zeit umgebaut, vor der Hauptkirche von Cluny und wird uns später noch beschäftigen, eine andere an der Westseite der Kathedrale von Durham (XII. Jahrhundert);

---

[1] Vgl. die Erklärung dieser Wörter bei Hraban. Maur., De univ. 14, 24 Migne 111), an deren Schluss es heisst: promptuaria quae cellaria'vulgus appellat.

[2] Länge ist ja überhaupt ein relativer Begriff, und man wird von einem mittelalterlichen Schriftsteller nicht mathematische Genauigkeit erwarten. Der Verfasser scheint longitudo mit Vorliebe auf die Frontseite zu beziehen. Ich denke daher, dass in der „Länge" der vorgelagerten Vorhalle indirect die oben vermisste Breite der Kirche angegeben ist. Eine Vorhalle von 65' Länge wäre doch etwas Abnormes.

[3] Ich verdanke die Mittheilung dieser Stelle der Güte Herrn Prof. Budinsky's.

sie ist an Breite dem Langhaus fast gleich und zerfällt durch
vier Reihen von je drei Pfeilern in fünf Schiffe. Sie ist flach
gedeckt; über ihr setzt ein (späteres) Stockwerk auf.[1])
Messmer hat in einem Aufsatze: „Ueber den mittelalterlichen Kunstausdruck Galilaea"[2]) gute Aufklärungen gegeben.
Das Mittelalter dachte dabei namentlich an Matth. 28, 16:
11 autem discipuli abierunt in Galilaeam, in montem ubi
constituerat illis Jesus. Es ist das letzte Ereigniss der Passion
bei Matthaeus. Und damit stimmt, dass bei der Osterprocession
die Galilaea die letzte Station ist. Disc. Farf. 1, 1: Exeuntibus
omnia signa pulsentur, duo maiora tam diu prolongentur sonni-
zando, quousque revertatur processio in galilaeam. Ebenso
Rutpert. Tut. De divin. off. 5, 8: Locus ille, quo processionem
suprema statione terminamus, recte a nobis Galilaea nuncupatur. Messmer sieht darin die älteste Andeutung der Leidens-
wege.[3])

Ueber die Lage der Galilaea in Farfa gibt uns Aufschluss
die Vorschrift für den Pförtner, Disc. Farf. 2, 43: Ostium vero,
quod est inter galilaeam et claustra a praefato fratre
quotidie mane aperiatur et sero ante collationem claudatur.
Von der Galilaea geht also eine Pforte in das Claustrum, sie
grenzt also unmittelbar an dasselbe, wie wir das bei unserer
Reconstruction dargestellt haben.[4])

Die Galilaea ist von zwei Thürmen flankirt. Das weicht
von dem gewöhnlichen italienischen Basilikenschema ab und
nähert sich mehr der nordisch-romanischen Gruppenanlage.
Allerdings sind in Süditalien solche Anlagen keineswegs selten,

---

[1]) Abb. bei Dehio und Bezold, Kirchl. Bauk. 1, T. 82.

[2]) Mittheil d. C. Comn. 1861, 104.

[3]) Die Bestimmung der G. ist unklar, wahrscheinlich war sie aber doch
für die Büssenden bestimmt.

[4]) Der Ausdruck „Galilaea" wurde von den Kartbäusern adoptirt,
jedoch als G. maior und minor der rückwärtige und vordere Kreuzgang bezeichnet. Um die erstere lagen die Zellen; die G. minor betraten sie nur
Samstag Abend, um im Capitel dem Prior zu beichten. Otte, Hdb. d. kirch.
K. A. 5 Aufl. I, § 29.

was wohl auf normannisch-französischen Einfluss zurückgeht. [1)]
Hier tritt uns aber, wie wir später sehen werden, der Einfluss
von Cluny direct entgegen.

Unter den Thürmen zieht sich das Atrium hin. Hier
stehen die Laien während der Processionen. (Ich glaube dasselbe mit dem in der Beschreibung des alten Klosters erwähnten
claustrum laicorum identificiren zu können.) Mehrfach ist von
ihm in der Disciplina Farfensis die Rede. Vgl. 1, 5: Exeuntibus
vero in atrio ante ianuam monasterii. Die ianua monasterii
ist hier wohl die Thür der Galilaea, welche, wie wir wissen,
in den Kreuzgang führt; monasterium bedeutet daher hier den
ganzen Complex der Gebäude um das Claustrum, dessen Hauptbestandtheil die Kirche mit ihrer Galilaea bildet. [2)]

Wieder wird der Gang der Beschreibung durch die Angabe der Entfernung des nördlichen Thores des Klosters von
dem südlichen unterbrochen (280').

Es folgt nun die Sakristei (58' l.) „cum turre quae in
capite eius constructa est". Es liegt hier nahe, an den Campanile
zu denken, der übrigens auch fernab von Italien, auf dem
Plane von Canterbury (aus dem XII. Jahrhundert, s. u.) an
dieser Stelle, im Süden der Kirche und getrennt sich findet.

Im Ordo folgt nun ein gesonderter Gebäudecomplex,
der Spitalbezirk. Ich glaube nach den Analogien von
St. Gallen, Montecassino etc., dass das Oratorium S. Mariae
(45' × 20' : 23') den Mittelpunkt desselben bildet. An dieses
schliessen sich (auf der Reconstruction im Norden) die Krankenzellen, sechs an der Zahl, darunter vier von gleichen Dimensionen
(27' × 23') an. Jede dieser letzteren hat acht Betten und ebensoviel
Abtritte. Die Deutung dieser Stelle ist wegen des dunklen und
grammatisch verwilderten Ausdrucks schwierig und unsicher. So

---

[1)] So z. B. der Dom von Bari (1084 beg.). wo die Thürme ganz
organisch an der Chorseite angeordnet sind (Abb. bei Schnaase 7, 513 f.

[2)] Claustrum und monasterium ist hier noch streng geschieden, ersteres
ist der engere, letzteres der weitere Begriff. Der Sprachgebrauch von
monasterium als Kirche (münster, moustier) kommt, soviel ich weiss, nicht
vor dem XII. Jahrhundert vor. In den Gesta abb. Trudon. (M. G. SS. X.) ist er
schon häufig. (cf. Contin. III. ad a. 1057 navis monasterii).

viel scheint indess hervorzugehen, dass diese cellae einen Kreuzgang (12' br.) ähnlich wie in St. Gallen, umschliessen. [1]) Diese Annahme bestätigt die bedeutsame Thatsache, dass in dem mehrfach erwähnten, um die Mitte des XI. Jahrhunderts cluniacensisch reformirten Kloster Hirsau die capella S. Mariae (ausdrücklich von der ecclesia maior geschieden) gleichfalls als Spitalkirche auftritt; cf. Const. Hirs. 1, 38: illis quia consuetudinaliter in praedicto choro manere non possunt conceditur in infirmaria vel in cella novitiorum dormire, ad S. Mariam die noctuque horis interesse, excepta illa, quam infirmi ante prandium suum proxime cantant, hanc enim ipsi in ecclesia maiori audiunt. Ferner 2, 54, wo von den Pflichten des capellanus S. Mariae die Rede: Infirmi autem sicut et alii in eo stant choro, quo in ecclesia maiori statio.

Von den zwei kleinern Räumlichkeiten ist die erste eine Badstube für die Kranken, welche Sonnabends zur Fusswaschung kommen, ferner für die Brüder, welche die Kleider wechseln. [2]) Die zweite ist für die Diener bestimmt, welche Schüsseln und Hausgeräth der Kranken zu reinigen haben.

Der Ordo kehrt nun zur Galilaea zurück und bespricht das Laienviertel. Iuxta galilaeam, [3]) heisst es, soll das Palatium errichtet werden (135' X 30'), um alle (zu erg. vor nehmen) Gäste, diejenigen nämlich, welche mit berittenem Gefolge kommen, aufzunehmen. Das Haus, ein ziemlich gestreckter Langbau, zerfällt in drei Tracte. Den einen Flügel

---

[1]) In porticum ist nach dem Sprachgebrauche der Zeit == in porticu. Der Verfasser will offenbar sagen: Vor jeder Zelle befindet sich ein Porticus, der an die Mauer dieser Zelle von aussen (eig. von innen) angebaut ist (iuxta murum ipsius cellulae deforis). Die Erklärung des Kreuzganges, den er oben ganz vergessen hat, macht ihm offenbar viel Mühe.

[2]) Ich schliesse mich der Lesart der Vet. Disc. mon. exuti statt exusti an.

[3]) Man wird schon bemerkt haben, wie schwankend und unrichtig die Ausdrucksweise des Verfassers ist. So dürfte es also nicht gar so willkürlich erscheinen, wenn in der Reconstruction der Ausdruck Galilaea auch auf das Atrium ausgedehnt und das Palatium vor dasselbe verlegt wurde. Der gegebene Raum (290') macht es unmöglich, dasselbe anders unterzubringen. Iuxta heisst hier wohl nichts weiter als: in der Nähe.

nimmt die Männerwohnung ein, mit 40 Betten und ebensoviel
Closets; den entgegengesetzten Flügel die Frauenwohnung mit
30 Betten und Closets, für die comitissae und andere adlige
Damen bestimmt. Die Einrichtung dieser Schlafsäle wird wohl eine ganz
ähnliche gewesen sein wie im Dormitorium der Mönche, eine
Abtheilung in kleinere Gemächer nicht stattgefunden haben.
Inmitten dieser beiden Tracte befindet sich der gemeinsame
Speisesaal, bei dem besonders hervorgehoben wird, dass seine
Eintheilung ebenso sei wie im regularen Refectorium. Das
Haus wird jedenfalls auch baulich ausgezeichnet gewesen sein.
An grossen Festtagen wird es mit Vorhängen (cortinae) be-
hängt, die Stühle mit bamcalia (Kissen) belegt.

Gegenüber der Façade der Pfalz (in fronte) befindet sich
das Werkhaus der Schneider und Schuster, die unter der Aufsicht des camerarius stehen (45′ × 30′). Es stösst mit einer
Schmalseite an die Sakristei. Wie in St. Gallen sind die grossen
Tische mit ihren Massen (30′ × 7′) angegeben.

Zwischen diesem Gebäude, der Sakristei und der Kirche
mit der Galilaea befindet sich der Gottesacker der Laien,
d. h. wohl so, dass die Kirche und die Galilaea die eine Langseite bilden, während die andere von der Sakristei und der
Werkstatt begrenzt wird, die Schmalseiten etwa durch Gitter
verschlossen sind. Auffallend ist, dass der Friedhof der
Mönche gar nicht erwähnt wird, ein weiterer Beweis für die
Flüchtigkeit und Gedankenlosigkeit der Aufzeichnung.

In der ganzen Länge der Area zwischen den beiden
Klosterpforten erstreckt sich ein Gebäude (280′ × 25′), das
wohl den Abschluss des Klosterbezirks im Westen bildet und
die Stallungen enthält. Für das zahlreiche Gefolge der vornehmen Herren musste ja genügend vorgesorgt sein. Die
Stallungen sind in einzelne Verschläge (mansiuncula) getheilt.
Ueber ihnen befindet sich ein Obergeschoss (solarium[1]), wo

[1] Solarium bedeutet im mittelalterlichen Latein gewöhnlich das Oberstockwerk, vgl. z. B. Landulñ Hist. Mediol. 28. In Constantinopel sprangen
die Solaria über das Untergeschoss des Hauses vor wie bei den mittel-

die Diener und die Trossknechte Verköstigung und Nachtlager finden. Wie sich aus der Erwähnung der 80' langen Tische ergibt, nahm das Obergeschoss die ganze Ausdehnung des Gebäudes ein. Hieher werden auch diejenigen (geringern) Fremdlinge verwiesen, die in dem Palatium keine Aufnahme finden können; am Ende dieses Hauses (in capite) befindet sich endlich ein Raum, in dem die ganz Armen, welche zu Fuss (absque equite) kommen und die Mildthätigkeit des Klosters ansprechen, aufgenommen werden und vom Almosenpfleger, dessen Zelle ja in der Nähe ist, die caritas empfangen.

Damit ist das Gastviertel abgethan, es folgen nun die noch übrigen Baulichkeiten, welche sich jenseits des Refectoriums (extra refectorium) befinden. 60' von diesem entfernt, am Ende des Latrinenhauses ist das Badehaus, in 12 Cabinen (cryptae) mit ebensoviel Wannen (dolia) getheilt. Hinter ihm liegt die Novizenwohnung, in vier Räume eingetheilt (angulata in quadrimodis), nämlich: 1. Studirstube, 2. Speisesaal, 3. Schlafsaal, 4. Latrine. Einen Kreuzgang möchte ich schon nach der Analogie von St. Gallen annehmen; es tritt ein weiterer Umstand hiezu, der dies plausibel macht. Das Schulhaus steht mit dem Oratorium St. Mariae, das wir oben als Spitalkirche nachgewiesen haben, in Verbindung. Diese Verbindung ist nicht auffällig, sie findet sich, um das obige Beispiel festzuhalten, in St. Gallen. In der Disc. Farf. (1, 8) heisst es nämlich: In resurr. Dom. servitores exeuntes ex refectorio eant per scholam, in oratorio S. Mariae .... totum aestivum tempus hic faciant, si bis comessuri sunt, in sera vero inde non retro cedant, sed per altum claustrum iuxta promptuarium. Es ist also hier vorgeschrieben, dass die Servitores sich an diesem Tage vom Refectorium aus durch die Schule in das Oratorium begeben; am Abend aber nicht auf demselben

---

alterlichen Bauten des Nordens und verengten die Strassen, so dass eigene kaiserliche Verordnungen dagegen erlassen wurden. Cod. Justin, 8. 10, 12. Auch die Kirchenemporen werden als Solaria bezeichnet. Chron. Fontanell. 13; Monach. Sangall. 2, 8 (Münster in Aachen).

Wege zurückkehren, sondern durch das altum claustrum, [1]) und zwar durch die Thür beim Promptuarium (s. o.) sich begeben. In der Nähe der Novizenwohnung befinden sich die Ateliers der Goldschmiede, der inclusores[2]) und der Glaser. Zwischen dem Badhause und den Zellen der Novizen und Künstler dehnt sich ein Haus von 125' Länge, 25' Breite aus, dessen Bestimmung nicht angegeben ist. Es reicht bis zur Bäckerei (70' × 20'), an deren Ende ein Thurm[3]) errichtet ist, vielleicht eine Art Luginsland, denn die Bäckerei liegt schon am äussersten Ende des Klosterbezirks. Damit schliesst der Ordo Farfensis. Klar treten drei Complexe von Gebäuden hervor, 1. das Claustrum mit der Kirche und den regularen Gebäuden, die eigentliche Mönchswohnung und der Kern der ganzen Anlage; 2. der Fremdenbezirk, auch die Stallungen umfassend, welcher sich in der Area zwischen den beiden Klosterthoren ausbreitet; 3. an der entgegengesetzten Ostseite, gleichsam als Abbild des grossen Claustrum die Wohnung der Novizen und Kranken, bedeutsam durch die Marienkapelle vereinigt. Dazu kommen noch die Ateliers der

---

[1]) Der Ausdruck ist sehr merkwürdig. Ich möchte daher fast einen Lesefehler der alten Editoren (bei Migne ist nur ein Wiederabdruck) vermuthen; dass nämlich bei der gebräuchlichen Kürzung alt'um (alterum) das Häkchen übersehen und altum gelesen wurde. Es gibt das auch den eigentlichen Sinn: sie sollen nicht durch das Claustrum des Schulhauses sondern durch das andere grosse Claustrum zurückkehren. (Ein ähnlicher Ausdruck findet sich allerdings in Lamberts Annalen ad a. 836 (SS. III, 45): „Otgarius archiep. ossa S. Severi epi sibi delata transtulit in Erphesfurt, Thuringiae civitatem et in alto monasterio reposuit 11. Kal. Nov. (Gothaer Codex).

[2]) Inclusores sind ein Zweig der mittelalterlichen Goldschmiede, so genannt, weil sie die Gemmen etc. mit Fassungen versahen. Hieron. Comm. ad Jerem. 24: aurifices inclusoresque auri atque gemmarum, quae apud barbaras nationes pretiosissimae sunt. Diese Neigung der „Barbaren", vor Allem der germanischen Völker, für antike Gemmen dauerte auch im Mittelalter fort. Man schmückte Messgewänder und Kirchengeräthe damit, so wie man mit ihnen naiv Urkunden siegelte. In einem so reichen Kloster waren daher die inclusores ganz am Platze.

[3]) Auch auf dem Plane Eadwins von Canterbury (s. u) sind gerade bei der Bäckerei zwei Seitenthürme und eine Art Dachreiter angebracht.

Handwerker und Künstler, sowie die Wirthschaftsgebäude, die jedoch hier nicht so ausgedehnt sind und auch kein eigenes Viertel wie in St. Gallen beanspruchen. Wir erkennen aus diesen Verordnungen auch eine cultur-historisch wichtige Thatsache, wie weit nämlich diese alten Benedictinermönche ihrer Zeit auch in scheinbar untergeord-neten Dingen überlegen waren. Die Art, wie das Latrinenhaus z. B. einen eigenen Bestandtheil ausmacht, die Weise seiner Con-struction entspricht den Anforderungen der Hygiene voll-kommen.[1] Die Schlafsäle sind geräumig, wohl geheizt, mit lichten und hohen Fenstern, die gegen Osten, also der Glut der italischen Nachmittagssonne nicht ausgesetzt sind, versehen. Auch das Refectorium erhält durch geräumige Fenster Licht und Luft. Wie weit stehen dagegen die zusammengepferchten Räume der mittelalterlichen Schlösser und Stadthäuser (und wir müssen hinzusetzen, der unsrigen) zurück. Auch an äusserem Prunk fehlt es nicht. Darauf weist die Ausstattung des Capitels mit Balconen, die reiche Inneneinrichtung des Palatium, die Anwesenheit der Ateliers der Goldschmiede, Inclusoren und vitrei magistri. (Die zahlreichen Glasfenster waren gewiss damals ein grosser Luxus.)

Der O. F. hat aber auch grosse Bedeutung für die Ge-schichte der technischen Kunstliteratur. Er ist, wie schon aus-einandergesetzt, die älteste erhaltene Bauordnung des Mittel-alters.

Freilich war der Mann, der das Capitel: De positione seu mensuratione officinarum, in sein Handbuch der clunia-censischen Gewohnheiten einfügte, kein technisch und künst-lerisch gebildeter Architekt. Er gibt nur das allgemeine Schema der Anlage, der Ordensregel angepasst, welches die untergeordneten Werkmeister technisch und künstlerisch aus-zustatten haben. Springer's Abhandlung über die Laienkunst des Mittelalters hat ja klargelegt, dass die Laien, nicht nur in Italien, allezeit an der Kunstübung betheiligt waren. Doch bleibt es immer der charakteristische Zug des eigentlichen

---

[1] Vgl. dagegen das drastische Gasthoferlebniss Goethe's in Torbole 1786.

Mittelalters, dass die Kirche diese überwacht. Literarisch
gebildete Geistliche entwerfen das Programm, nach dem sich
die künstlerischen Kräfte richten. Das ist ja eine Erscheinung,
die auch auf anderen Gebieten zu Tage tritt. Das Mittelalter
liebt ja das Formelhafte, das Schematisiren; in der Diplomatik
spielt das Simile eine grosse Rolle, welches stereotyp gegeben,
aber erst mit individuellem Inhalt zu erfüllen ist. Ich erinnere
nur an die grosse Literatur der Tituli (für die Karolingerzeit
jetzt gesammelt in Dümmler's Poetae Lat.)

Der Ordo Farfensis bietet eine analoge Erscheinung dar.
Er lässt uns einen Blick in die Baupraxis jener Zeit thun, in
das Verhältniss zwischen den Bauherren und ausführenden
Künstlern und Werkleuten. Auf eine hinderliche Bevormundung
der Kunst seitens der Kirche ist daraus nicht zu schliessen.
Der Kunst waren nur allgemeine Umrisse in grossen Zügen
vorgeschrieben, und es steht zu bedenken, ob diese Normen
nicht eher, zumal für das frühe Mittelalter, das sich sonst
vielleicht in barbarische Roheit und krause Phantastik verloren
hätte, eine wohlthätige Schranke und Stütze gewesen sind.

Wir haben oben die Hypothese eines dem Ordo Farfensis
zu Grunde liegenden Planschemas zu erhärten gesucht. Dieser
Plan kann, schon der Vorgeschichte des O. F. zu Folge, von
nirgend anders herstammen als aus Cluny.

Es ist vor Allem ein Umstand, welcher dies beweist,
jene grosse, Galilaea genannte Vorhalle, die nachweislich zuerst
bei den Cluniacenser-Kirchen, dann bei dem vielfach sich anschliessenden Cistercienserorden auftritt.

Die alte grossartige Klosteranlage von Cluny[1] (der Bau
des Majolus von 981) ist freilich in der spätromanischen Periode
gänzlich umgebaut worden. Indessen zeigt auch die neue Anlage (Plan bei Viollet und Schnaase) die schlagendste Uebereinstimmung mit Farfa. Fünf Stufen führen zu einem Parvis,

---

[1] Vgl. Lorain, Hist. de l'abbaye de Cluny. Paris 1839; 2e éd. 1845;
Cucherat, Cluny au XIe siècle; Lenoir, Arch. mon. 1, 72; 2, 43, 73, 79.
Viollet-le-Duc, Dict. de l'arch. 1, 258. Schnaase, G. d. b. K. 4, 516. Die
ganze herrliche Anlage ging in der französischen Revolution zu Grunde.

in dessen Mitte sich ein Steinkreuz erhebt, entsprechend dem Atrium in Farfa. Zwei mächtige viereckige Thürme flankiren ganz analog die langgestreckte dreischiffige Galilaea, die sich fast vor die ganze Breite der Façade legt. Die Thürme sind aber keineswegs Glockenthürme, sondern dienen praktischen Zwecken, der südliche als Gefängniss, der nördliche als Archiv. Das mag auch die Bestimmung der Thürme von Farfa gewesen sein. Ganz übereinstimmend ferner legt sich das Claustrum an Kirche und Galilaea. Die regularen Gebäude sind leider zu Grunde gegangen, wir erfahren nur, dass sich im Süden, der Kirche gegenüber, das Refectorium befand, von Abt Hugo erbaut.[1]) Zwischen ihm und der Kirche befand sich das traditionelle Brunnenhaus, am Eingang der Kirche eine kleine Michaelskapelle.

Ist der Einfluss von Cluny auf Farfa durch Vermittlung Odilos, der das Kloster auch sonst unterstützte,[2]) sicher, so ist er im höchsten Grade wahrscheinlich in Hirsau)[3]), wo unter Abt Wilhelm (1069—1091) die Cluniacenser-Regel einen ungeheuren Einfluss auf ganz Deutschland entfaltete. In den Constitut. Hirsang. finden sich Bestimmungen, welche mit Farfa, also indirect mit Cluny, völlig übereinstimmen. Dahin gehört die Anlage der Camera, des Auditoriums, des getrennten Spitalbezirks mit dem Oratorium der heil. Maria; ferner wird ein Paradisus erwähnt, zu dessen Pforte die Bruderschaft beim Empfang hoher Würdenträger zu gehen hat; ferner ein vesti-

---

[1]) Lorain a. a. O. 76. Es war ausgemalt mit Scenen aus dem Alten und Neuen Testament, einem jüngsten Gericht und den Portraits der Gründer und Wohlthäter des Klosters (wohl in Medaillons).

[2]) Die Aufschrift eines Kelches (Disc. Farf. 2, 49) „Vodilo nomen habens haec vasa patraverat abbas" ist wohl auf ihn zu beziehen.

[3]) „Die Hirsauer Schule ist ferner das erste Beispiel umfassenden Einflusses der französischen auf die deutsche Baukunst. Zu bemerken ist, dass derselbe noch nicht artistischer Natur, sondern allein durch Momente des Gottesdienstes bedingt ist." Dehio, Kirchl. Bauk. 1, 212, wo auch das Weitere über den eigenthümlichen, von Cluny angegebenen Typus der Kirchen (Vorhalle zwischen zwei Thürmen, strenge Ausbildung des lateinischen Kreuzes, Abseiten im Chorhaus, Mangel der Krypta etc.) nachzulesen ist.

bulum ecclesiae, das möglicherweise die Galilaea ist (Const.
Hirs. 2, 50: si est papa vel rex vel pater monasterii, qui sus-
cipitur, totus conventus usque ad portam Paradisi progreditur
c. 51: ostium claustri ... est claudendum et porta vestibuli
ecclesiae).

Ueber die Anlage des Klosters erhalten wir Andeutungen
durch die Vorschriften über den Rundgang[1], welchen der
prior claustrensis allabendlich zu machen hat (2, 20): totum claustrum perlustrat, primo videt si clausa sit ianua auditorii
hospitum, domus elemosynaria; si quis adhuc sit est propter
quid sit ante cellarium; si coquina regularis sit obserata;
refectorium, deinde cellam novitiorum, domum infirmorum videns...... si quis eorum adhuc remanserit in
ecclesia S. Mariae; ascendit Dormitorium, portans secum,
si quid forte in claustro neglectum offendit, prospicit quoque
omnes necessariorum sedes. Facit et alium circum ad inter-
vallum quod solet esse inter nocturnam et matutinam, et in
illa circuit omnes lectos dormitorii, in cella novitior. inde
transit ad ostium refectorii, coquinae regular. cellarii, elemosy-
nariae, ostii claustralis. Deinde ad infirmariam per capitulum
transit, sed per auditorium in ecclesiam maiorem redit,
circumiens omnia altaria et angulos ecclesiae ac sacristiae.

Man sieht, die Disposition entspricht fast völlig dem
Ordo Farfensis und damit Cluny. Der Prior besichtigt zuerst
das Claustrum; er geht durch das Auditorium in das an-
schliessende Elemosynarium, hierauf in's Cellarium, in die Regular-
küche; vom Refectorium aus begibt er sich in den Schul-
und Spitalbezirk, sieht nach, ob Niemand in der Kirche der
heil. Maria (der Schul- und Spittelkirche s. o.) zurückgeblieben
sei, kehrt dann in's Claustrum, und zwar in's Dormitorium
zurück, wobei ihm auch eine wenig angenehme Aufgabe zu-
fällt, sämmtliche Closets des Latrinenhauses zu besichtigen.
Der Vielgeplagte muss aber vor der Früh-Hora noch einen
zweiten Rundgang unternehmen, und zwar in der entgegengesetzten Richtung: er inspicirt den Schlafsaal der Novizen,

---

[1] Solche circumitores bestellt schon die Regel Benedicts c). 48).

revidirt dann jede einzelne Thür im claustralen Bezirk, die des Refectoriums, der Küche, des Cellariums und Aelemosynariums, schliesslich der anstossenden Hauptthür des Kreuzganges; hierauf geht er durch das Capitel zur „infirmaria" (worunter indess an dieser Stelle vielleicht ein im Claustrum befindlicher, von der domus infirmorum verschiedener Raum, etwa für leicht erkrankte Mönche, verstanden ist?), kehrt aber hierauf durch das Auditorium zur Hauptkirche zurück, wo er ebenso wie in der Sacristei in „allen Winkeln" nachzusehen hat, ob sich nicht etwas Ungehöriges vorfinde.[1]

Im Beginne des XI. Saeculums übt also das burgundische Musterkloster einen bedeutenden Einfluss sowohl im Süden als im Norden auf die bauliche Gestaltung der Klöster. Seine Anlage wird geradezu copirt. Die alte Anordnung wird aber hiedurch in keinem wesentlichen Zug geändert; vielleicht hat gerade die stricte Nachahmung des vorzüglich disponirten cluniacensischen Musters der Klosterarchitektur jenen Charakter der Stetigkeit, welcher sie fortan auszeichnet, mit verleihen geholfen; wie es denn überhaupt bedeutsam ist, dass sämmtliche Orden, die sich von dem Mutterorden der Benedictiner abzweigten, durchaus die alte Anlage unverändert adoptirt haben.[2]

---

[1] Dagegen ist Mothes (Gesch. der Bauk. des M.-A. in Italien 1, 365) im Irrthum, wenn er den Neubau der Abtei auf der Po-Insel Pomposa unter Abt Guido (gest. um 1046) auf Cluny zurückführt. Er beruft sich auf Federici (Rerum Pompos. Hist. Rom 1781), aber gerade dieser sagt ausdrücklich (a. a. O. 1, 78), dass schon zu seiner Zeit die Klostergebäude so total zerstört waren, dass die urspr. Anlage bis zur Unkenntlichkeit verdunkelt sei. Mothes hat überdem (a. a. O.) den Abt Hugo von Farfa († 1046) mit dem viel spätern grossen Abt von Cluny Hugo (1049—1109) verwechselt und diesem kurzweg den Ordo Farfensis vindicirt.

[2] So auch die Cistercienser. Von ihrem grossen Kloster Clairvaux besitzen wir eine sehr interessante französische Beschreibung aus dem Anfange des XVI. Jahrhunderts, publicirt von Michelant in den Ann. arch 1845, 223 f.

DIE KLOSTERANLAGE NACH DER WENDE
DES ERSTEN JAHRTAUSENDS.

Die grossen Reformen des X. Jahrhunderts haben, wie wir sahen, etwelche wesentliche Aenderungen in der Klosteranlage nicht hervorgerufen. So fest eingewurzelt ist seit fast einem halben Jahrtausend das claustrale Princip, so sehr entspricht es den Anforderungen des regularen Lebens. .

Um die Wende des XI. Jahrhunderts sind wir namentlich über zwei Klöster, das eine dem Norden, das andere dem tiefsten Süden Europas angehörig, sehr genau unterrichtet. Da wir von dem ersten nur schriftliche Kunde besitzen, von dem zweiten aber eine gleichzeitige merkwürdige Zeichnung, so sind sie recht geeignet, sich gegenseitig zu erläutern und . zugleich das oben Gesagte zu beleuchten.

Die ausführlichste Beschreibung, die uns von einem mittelalterlichen Kloster überhaupt erhalten ist, findet sich in der Chronik von Montecassino [1], die Leo Marsicanus, Cardinalbischof von Ostia, im Ausgange des XI. Jahrhunderts ver-

---

[1] Leo's chron. in M. G. SS. 7, 651 f. ed. Wattenbach (besonders 3, 10, 26, 33; 4, 3). Das Gedicht des Erzbischofs von Salerno Alfanus: De situ etc mon. Casin. bei Ozanam, Doc. ined. 261 f. Die altfranzösische Uebersetzung der Normannengeschichte des Amatus, hrsg. von Champollion-Figéac, L'ystorie de li Normants. Paris 1835, besonders 3, 49 S. 105 ff. Er. Gattola, Hist. abb. Casin, Venedig 1733 2 voll. nebst Accessiones ad hist. etc. Ven. 1735. Lod. Tosti, Storia della badia di M. C. Neapel 1842. Caravita, I codici e le arti a M. Montecass. 1869, 3 voll. Schultz, Denkm. d K. in Unteritalien 2.

5*

fasste (fortgesetzt von Petrus Diaconus). Sie ist ja wohl die reichste Fundgrube für das frühmittelalterliche Kunstleben des südlichen Italien, wie der Liber pontificalis Romanus für das mittlere und Agnellus für das nördliche.

Das Mutterkloster der Benedictiner, mit denen ja eigentlich erst die mittelalterliche Klostergeschichte beginnt, hat schon im IX. und X. Jahrhundert eine Reihe baulustiger Aebte aufzuweisen, welche in und um Montecassino (besonders in S. Germano) eine Reihe Kirchenbauten aufführten.

Ihren Höhepunkt erreichte aber diese rege Bauthätigkeit unter dem berühmten Abt Desiderius, dem spätern Papst Victor III., von dem an ja in Unteritalien eine neue Kunstepoche anhebt (1058—1087). Gleich bei Antritt seiner Würde nahm er energisch die Wiederherstellung der verfallenen Klosterbauten in Angriff und setzte hierin das Werk seines Vorgängers Richer von Niederaltaich (1038—1055) fort.

Von der alten Klosteranlage, die von mannigfaltigen Unglücksfällen (883 ein Saracenen-Einfall, bei dem Abt Berthari um's Leben kam; 937 streiften die Ungarn bis hieher) heimgesucht wurde, erfahren wir wenig, ausser dass die Gebäude klein und unansehnlich waren, durch Alter und Lässigkeit stark gelitten hatten (Leo, 3, 10).

Desiderius, der, wie Leo erzählt, fürchtete, der grossen Aufgabe nicht gewachsen zu sein, begann vorerst, „wie um seine Kräfte zu erproben", die Pfalz (palatium, wie in Farfa), welche Richer (2, 89) begonnen, aber nur im Erdgeschoss fertiggestellt hatte, auszubauen. Davon ermuthigt, schritt er zu weiteren, ausgedehnteren Aufgaben. Dieses Palatium lag im östlichen Theil des Klosters, hinter der Hauptkirche. Zwischen ihm und der Apsis errichtete Desiderius ein kleines Haus für die Bücherschätze des Klosters (also wie in Fortanella).

Zunächst stellte Desiderius die alte Abtwohnung, welche, im Norden an die Kirche anstossend, in kläglichem Verfalle war, wieder her. [1] Im Süden stiess an die Abtwohnung das alte Dormi-

---

[1] Wohl zu dieser gehörte das Palatium mit einer Apsis, „dergleichen die Alten todericum zu nennen pflegten, (Leo, 3, 10). Das ist ein ἀπα;

torium an, welches in Folge von Raummangel, wie es scheint, in mehrere Stockwerke aufgebaut war. An dieser (südlichen) Seite fiel nämlich der Berg ab,[1] so dass für das Claustrum sehr wenig Platz übrig blieb. Auch das Schlafhaus erneuerte Desiderius (160′ × 24′). Das alte Capitel, welches sich wahrscheinlich an der Südseite der Kirche hinzog, wurde ebenfalls niedergerissen und ein neues schöneres (mit Glasfenstern und einem umlaufenden Stuckgesimse „gipsea urna") erbaut.[2]

Damit schliesst die erste Periode der Bauthätigkeit Desider's. In der Folgezeit war seine Sorge auf die würdige Herstellung der Hauptkirche des h. Benedict gerichtet.

Im Folgenden kann nur kurz auf den Kirchenbau des Desiderius eingegangen werden, da derselbe eigentlich ausserhalb der Grenzen unserer Aufgabe liegt.[3]

Im März des Jahres 1066 ward die alte Benedictuskirche, die sich für die zahlreichen Mönche längst zu klein erwiesen, niedergerissen und provisorisch die Petrikirche für den Gottesdienst eingerichtet. Die Energie, die Desiderius nun entwickelte, ist staunenswerth. Vor Allem musste eine Terrainregulirung

---

τισημίνων. Seine Etymologie (gewöhnlich von Theodorich — in Erinnerung an seine zahlreichen Palastbauten — abgeleitet) und Bedeutung ist dunkel

[1] Der Kamm des Mons Casinus zieht sich von Ost nach West und bildet eine Sohle von unregelmässiger Bodenbeschaffenheit, wodurch sich manche Anomalie der Anlage erklären mag. Die letztere setzt sich, da das Terrain gegen Ost steigt, aus drei stufenweise sich erhebenden Arealen zusammen. (Vgl. die Beschreibung bei Mabillon, Ann. II, 20, 35.)

[2] Der Capitelsaal war mit Tafelbildern der Aebte geschmückt (Leo 3, 20).

[3] Ich bemerke vorausgreifend, dass von der ursprünglichen Anlage der Kirche sowohl als des Klosters keine Spur mehr vorhanden ist. Das Kloster wurde schon im XIV. Jahrhundert durch ein Erdbeben heimgesucht, so dass kein Gebäude aufrecht blieb. (Anon. Cassin. bei Muratori SS. V. ad. a. 1349, Sept. 9); später im pomphaften Geschmacke des Barocks gänzlich umgebaut. Ansicht und Grundplan des heutigen Klosters s. bei Gattola, I. p. VII. und in Mabillon's Ann. II. Bd. Gattola hat auch eine Reconstruction der alten Anlage versucht, welche wegen der Terrainverhältnisse für uns wichtig ist. Eine schematische Reconstruction, die sich im Allgemeinen an Gattola anschliesst, aber dessen Fehler corrigirt, s. auf Fig. 3.

vorgenommen werden. Die alte Kirche stand auf der höchsten
Stelle des Bergkamms und war daher Sturm und Blitzschlag
sehr ausgesetzt. Desiderius liess den Felsboden in der ganzen
Ausdehnung der neuen Fundamente mit „Eisen und Feuer"
aussprengen, um einen ebenen Baugrund zu bekommen. Dann
reiste er nach Rom, der Exportstätte, welche nach allen
Gegenden ihre antiken Baureste verhandelte, und kaufte dort
Säulen, Basen, Capitelle, Platten bunten Marmors ein und
transportirte sie zu Schiff und Wagen nach Montecassino.
Geschickt wusste er zugleich den religiösen Eifer der Leute
anzuregen, welche, wie erzählt wird, auf ihren Armen die Werk-
stücke den steil abfallenden Berg hinaufschleppten.

Nachdem so die wichtigsten Vorarbeiten beendigt waren,
ging er mit Feuereifer und einer Energie, die uns noch heute
aus den vergilbten Blättern der Chronik erfrischend anweht,
an den Bau des Gotteshauses.

Die ganze Anlage bildete eine nach Osten orientirte, drei-
schiffige Basilika von mässigen Verhältnissen (105 × 43: 28 Ellen).
Je 10 Säulen (9 Ellen hoch) schieden das Hauptschiff (navis) von
den Seitenschiffen (porticus.) Das Mittelschiff hatte 21 Ober-
lichter von jeder Seite, das Querschiff (titulus) [1] sechs fenestrae
longae und vier rotundae. [2] Es schloss mit drei Apsiden ab, von
denen die mittlere zwei Fenster hatte. Unter ihr befand sich die
Krypta (adytum), von einem grossen Gewölbe überdeckt. Auf
acht Stufen stieg man zu dem kostbar ausgeschmückten tumulus
des h. Benedict hinab. Die Hauptapsis war dem h. Johannes,
die beiden Nebenapsiden der h. Maria und dem h. Gregor M.
geweiht.

---

[1] Mit titulus ist gewöhnlich der Altar des Haupttheiligen bezeichnet,
unter dem sich die Crypta befand. F. 2, 3 (Aligernus) in eccl. etiam titulum
suum cum confessione sua a parte occidentali satis decorum adiunxit. 2, 52 (Theo-
baldus) titulum quoque ab orientali parte non parvi ambitus cum sua confessione construit.

[2] Solche Rundfenster im Langhaus bilden eine Eigenthümlichkeit
der toscanischen Gothik (Dom v. Arezzo, S. M. Novella und Dom in
Florenz etc.).

Neben der letztern befand sich die Sacristei (secretarium), welche durch eine zweite „camera" vergrössert wurde. In der Flucht dieses Gebäudes befand sich neben dem (nördlichen) Seitenschiffe eine Capelle des h. Nicolaus, der, getrennt durch die ganze Breite der Kirche, eine des h. Bartholomäus entsprach. Aus der Angabe: „curvato parietc" lässt sich sicher auf einen apsidenartigen Ausbau schliessen. (Dass sie in Verbindung mit der Kirche waren, ergibt sich aus der Stelle 3, 2ᴺ, wo von der innern Ausschmückung die Rede ist.) Vor der Façade, in der Nähe der bekannten Erzthüren, befand sich der Glockenthurm.

Vor der Kirche lag das Atrium, „nach römischer Gewohnheit Paradysus genannt" (77¹/₂ × 57¹/₄ Ellen : 15 Ellen). Je acht Säulen umgaben an den Langseiten den Hofraum. Ausserdem öffnete es sich in je vier Säulen nach der Kirche und gegen den Aufgang, welcher in 24 Marmorstufen hinauf-führte. Die zwei äusseren Ecken desselben waren von zwei Oratorien „modo turrium" flankirt, die dem heil. Michael und Petrus geweiht waren.[1] Der ganze südliche Theil des Atriums war von einer Cisterne (arcuato opere) eingenommen (tantundem longitudinis habens), zu der man wahrscheinlich auf Stufen hinabstieg. Interessant ist diese Anlage als Vorläufer der grandiosen gothischen Brunnenhäuser, durch welche ja schon zu Dante's Zeit Siena berühmt war (Fonte Branda, F. Nuova.)

Die Vorhalle vor der Kirche, welche durch jene vier Säulen gebildet wurde, das vestibulum ecclesiae sowie das gegenüberliegende vestibulum atrii waren mit je fünf Kreuzgewölben (spiculi) eingewölbt.

Um die Ausschmückung der Kirche kurz zu erwähnen, so scheint der Triumphbogen mit einer Darstellung Christi geziert gewesen zu sein. Die Fenster des Mittelschiffs waren mit

---

[1] Aehnlich wie in St. Gallen. Vgl. ferner die Vita S. Mauri (Mab. A. SS. 1, 274) In ipso monasterio ecclesiae IV aedificatae fuerunt, 4ta quae, in modum turris quadrifidae in ingressu mon. altissime aedificata est benedicta fuit in bonore s. archangeli Michahelis.

Glas geschlossen, die der Seitenschiffe in der altchristlichen Uebung mit dünnen, durchlöcherten Marmorplatten (gipseae). Das ganze Innere der Kirche wie der anstossenden kleinen Capellen war mit Steinplatten incrustirt, der (offene) Dachstuhl reich bemalt. Inmitten der Kirche befand sich der ebenfalls reich incrustirte Chor. Die Façade war mit Stucco verkleidet. Die Wände des Atriums schmückten biblische Darstellungen aus dem Alten und Neuen Testamente.

Am 1. October 1071 fand unter grossen, tagelang währenden Festlichkeiten und ungeheurem Zulauf die Einweihung durch Papst Alexander II. statt.

Mit neuem Eifer ging nun Desiderius an die Erweiterung und Verschönerung der Klosterbauten. Zuerst wurde das alte Refectorium niedergerissen und an der Südseite des Atriums, also mit der Schmalseite gegen das Claustrum, wieder aufgebaut. An der Ostseite, im Kreuzgang, befand sich der Eingang, im Westen eine Apsis, von drei Fenstern erleuchtet, in welcher sich wahrscheinlich das Lesepult (Legivum) befand. Quer vor derselben stand der Tisch des Abtes. Merkwürdig sind die beiden runden Fenster an den Schmalseiten, wie sie auch bei der Kirche vorkommen. Südlich vom Refectorium befand sich die Küche, mit einem (Kreuz-) Gewölbe eingedeckt, das von einer einzigen mittleren Säule getragen wurde, weiterhin das Cellarium.

Um Raum für das Claustrum zu gewinnen, musste nicht allein das frühere Capitel, Dormitorium und Spital niedergerissen werden (wobei wohl auch die alte Abtwohnung mit dem todericum zu Grunde ging), sondern auch das an dieser Stelle abschüssige Terrain durch Aufwerfung von Bauschutt in der Höhe von 5 Ellen geebnet werden. Dann wurde hier (im Süden) das neue 200 Ellen lange, 24 Ellen breite, 30 Ellen hohe Dormitorium erbaut. Die drei grössten Fenster waren „durch drei Säulchen gestützt". Solche Arcadenfenster hat z. B. auch ein Kreuzgang in Benevent (Schultz, T. 76, 2). Am äussersten Ende des Gebäudes wurde eine kleine Kleiderkammer (vestiarium) angelegt.

Das Claustrum wurde nun, nachdem eine erneute müh-
same Terrainregulirung durchgeführt worden war, durch das
quer im Osten sich vorlegende neue Capitelhaus (also an Stelle
des todericum) abgeschlossen, welches mit einem Winkel an
die Kirche stiess und mit seiner Apsis im Süden sich dem
Dormitorium näherte (53 × 20 : 18 Ellen). In dieser wurde Desiderius (Victor III., † 1087) begraben.[1]) Eine grosse Bodenver-
tiefung, welche vor dem Dormitor von dem alten Bau zurückgeblieben war, füllte Desiderius dadurch aus, dass er vor dem
Refectorium (also an dem traditionellen Platze) eine Cisterne
graben und jene Vertiefung mit dem Schutt ausfüllen liess.
So war nun die Oberfläche der Claustral-Area leidlich eben,
und Desiderius liess nun den Kreuzgang (85 × 65 Ellen)
mit 110, wohl gekuppelten Säulchen ausbauen. Da nun aber
die Hauptkirche, wie wir uns erinnern, auf höherem Terrain
lag, so legte er an dieser Seite des Kreuzgangs einen ein-
stöckigen (anscheinend gewölbten) Umgang an, zu welchem
vom Refectorium 13, vom Capitel 15 Stufen führten. Der
Fussboden war in byzantinischer Technik ausgeführt.

Für die Kranken errichtete er ein Gebäude mit einem
Bade in der Nähe des Claustrums, zu welchem Zwecke er (wohl
um rasch und billig Baumaterial zu gewinnen) das Oberstockwerk des von ihm vollendeten Palatium Richers abtragen liess.

Im Westen des Kreuzgangs errichtete er neben dem
Refectorium die Novizenwohnung mit Lehr-, Schlaf- und
Speisesaal.

Hierauf legte er 30 Ellen ausserhalb der alten Klosterpforte eine neue, aus Quadersteinen gebaute an, über der sich
ein fester Thurm auf vier Säulen und einer Camera erhob. Es
liegt nahe, hiebei an einen Bau in der Art der römischen
Stadtthore (Halbsäulen mit Bogen, Porta nigra zu Trier) zu
denken. Diese Vermuthung gewinnt an Wahrscheinlichkeit,
wenn wir hören, dass zur selben Zeit ungefähr Abt Johannes
in Subiaco vor dem Klosterthor einen Bogen „romano opere"

---

[1]) Petr. Diac. opusc. de vir. ill. 18 (Pertz SS. V.)

errichtete.[1]) Ausserhalb des Thores errichtete er ein Xenodochium (s. o.) und erweiterte und verschönerte das alte Hospiz
für vornehme Gäste innerhalb des Klosters. Unweit der Treppe,
die zum Atrium führte, baute er ein Backhaus, so prächtig
ausgestattet, dass es oft fremde Wallfahrer für eine Capelle
hielten und darin ihre Andacht verrichten wollten, wie Leo
erzählt. Endlich umgab er das ganze Kloster mit starken Be-
festigungswerken („civitatum more").

Von all den früheren Gebäuden war nur mehr die Martins-
kirche, welche noch in die Zeiten Benedicts zurückreichte
und schon von Petronax (um 720) renovirt worden war, vorhanden. Sie lag in der Nähe der Klosterpforte und war eine
Basilica in bescheidenen Verhältnissen (43 × 28 : 24 Ellen). Der
Neubau wurde erst von Oderisius 1090 geweiht. Auch hier
befand sich neben der Kirche eine doppeltgewölbte (bicamerata)
Sacristei.

Unter Abt Oderisius,[2]) dem würdigen Nachfolger des
Desiderius (1088—1106) ward das Krankenviertel vollständig
ausgebaut, das Desiderius nur provisorisch eingerichtet hatte.
Es wurde im Osten des Klosters, wo der Berg steil abfiel,
grösser und schöner als das vorige errichtet. Als Spitalkirche
diente St. Andreas (gelegen „zwischen der Apsis von St. Benedict und dem Krankenhaus", 4, 3), an welche sich rechts (im
Norden) der Friedhof,[3]) links (im Süden) ein kleiner Kreuzgang
anschloss. Eine Seite desselben scheint die neue von Oderisius
gebaute Abtei eingenommen zu haben, da gesagt wird, sie

---

[1]) Chron Sublac. (Mur. SS. XXIV) col. 936.: Fec. ante portam mon.
Arcum Romano opere, super quam pulchram construxit ecclesiam, et iuxta
domum amplam Canaclatam (coenaculatam) ad venientium susceptionem fecit.
Lenoir sieht ein solches äusseres Xenodochium in dem Baurest vor S. Agnese
fuori in Rom (Arcb. mon. 2, 394), bestimmt zur Aufnahme von Reisenden,
welche von der Nacht oder vom Unwetter überrascht wurden (?).

[2]) Ueber seine Bauthätigkeit berichtet Petrus Diaconus, der Fortsetzer
Leos (Chron. Casin. 4, 3).

[3]) Auch dieser scheint claustral angelegt gewesen zu sein, wie die
Friedhöfe Italiens auch in späterer Zeit, denn es wird davon gesprochen, dass
er mit Ziegeln gedeckt worden sei.

befinde sich „in capite" des Infirmars neben der Andreaskirche. Küche, Badstube und Cisterne vervollständigten diesen Theil des Klosters.

Um die Wende des XI. Jahrhunderts lag der ganze gewaltige Klosterbau vollendet da. Trotz seiner verhältnissmässig späten Entstehung, trotz aller durch das ungünstige Terrain beförderten individuellen Mannigfaltigkeit zeigt er uns deutlich, wie die alten Grundelemente sich doch immer unverändert erhalten haben.

Wie uns für die Karolinger-Zeit ein gütiges Geschick den St. Gallener Bauriss bewahrt hat, der uns gestattet, die oft unklaren, schwankenden, fast immer der Plastik der Schilderung ermangelnden Nachrichten der Quellen zu corrigiren, so ist uns auch für diesen Zeitraum ein höchst schätzbares monumentales Zeugniss erhalten.

Im Anfang des XII. Jahrhunderts zeichnete ein britischer Mönch Eadwin den Plan seines Klosters, das sich an die Kathedrale von Canterbury anlehnte. Die Zeichnung, welche in naiver Weise Grund- und Aufriss zu vereinen sucht, wird jetzt in der Bibliothek zu Cambridge bewahrt und wurde zuerst in den Vetusta monumenta quae ad rerum brit. mem. observandam soc. antiquar. Londini edenda curavit, London 1745 (vol. II, pl. 15) edirt, danach von Lenoir im ersten Bande der Arch. monastique (S. 28). Dieses Document ist für uns äusserst werthvoll, indem es uns das Bild eines grossen mittelalterlichen Klosters sehr treu, nicht schematisch wie der Bauplan von St. Gallen vor Augen stellt.

Wir haben immer und immer darauf hinweisen müssen, dass die einzelnen Orden, so zahlreich sie im Laufe des X. und XI. Jahrhunderts entstanden, so gross ihr Einfluss und ihre Bedeutung auch auf dem Gebiete der Architektur (wobei ich nur an die Cistercienser erinnere) war, an der überkommenen Anlage ihrer Klöster so gut wie gar nichts geändert haben.

Nur ein einziger macht eine Ausnahme; und gerade diese Ausnahme ist ein glänzendes Zeugniss für die unverwüstliche Lebenskraft des claustralen Princips, dessen Einführung wir

mit ziemlicher Wahrscheinlichkeit dem grossen Mutterorden
der Benedictiner vindiciren können.

Es ist der im XI. Jahrhundert von Bruno gegründete
Karthäuser - Orden. Er geht wieder, seiner eigenthümlichen
Regel gemäss, auf das alte anachoretische Princip zurück, aber
in einer Weise, die deutlich zeigt, wie sehr man sich in die
claustrale Anordnung eingelebt hatte. Seine Klosteranlage[1])
zeigt an die Kirche zwei claustra gelegt. Das kleinere vordere
(Galilaea minor) hat in der Mitte die Priorei; um das grössere
rückwärtige (Galilaea maior) schliessen sich die Einzelzellen
der Mönche, jede von einem Garten umgeben. Das claustrale
Princip ist aber, wie man sieht, gleichsam in atavistischer
Form festgehalten.

Wir sind hiemit an die Grenze unserer Aufgabe gekommen. Die historische Entwicklung der Klosteranlage schliesst
damit auch ab. Die späteren Generationen haben sie künstlerisch
ausgestattet,[2]) aber ihre Disposition nicht mehr geändert.

Heutzutage ist uns ja kein einziges Kloster des frühen
Mittelalters mehr in seinem ursprünglichen Zustande erhalten.
Viele alte Gründungen sind spurlos vom Boden verschwunden;
bei anderen hat, was die Umbauten im XIII. und XIV. Jahrhundert bestehen liessen, sicher die Baulust der Barocke ver-
nichtet und allermeist ist die einstige Disposition bis zur
Unkenntlichkeit verwandelt worden.

Erst in der Zeit, mit welcher wir zum Schlusse gekommen
sind, beginnen die monumentalen Quellen ausgiebig zu werden.
Stammt doch aus dieser Zeit, dem XI. Jahrhundert, der älteste
erhaltene Rest einer frühen Klosteranlage im Norden, der Kreuz-

---

[1]) Vgl. die Chartreuse von Clermont bei Viollet-le-Duc, 1, 308.

[2]) Ich erinnere hier namentlich an die reizvolle Ausbildung der Kloster-
höfe im späteren Mittelalter, mit doppelten Säulenstellungen, die mannigfach
wechselnde, phantastische Durchblicke ergeben, mit zierlichen Brunnen-
häusern etc. Vorzügliches dieser Art findet sich in Italien unter den cos-
matischen Klosterhöfen (von S. Lorenzo fuori, S. Giovanni in Laterano zu
Rom, von Subiaco von 1235), doch auch auf deutschem Boden (Kreuzgang
von Heiligenkreuz).

gang auf dem Nonnberge bei Salzburg. Doch wir stehen bei
allen diesen Denkmälern, und mögen sie noch so grossartig
und ausgebreitet sein, vor einem in sich abgeschlossenen Ent-
wicklungsproduct, das einen gedeihlichen Rückschluss nur in
den seltensten Fällen erlaubt. Aufschluss über Ursprung und
Entwicklung können wir daher zum besten Theile nur von
der Quellenforschung erhoffen. In der vorliegenden Arbeit
wurde dies versucht, doch weiss es der Verfasser selbst am
besten, dass damit nicht mehr als ein Anfang gegeben ist.

Beilage 1. Chron. Fontanell. c. 17. (Mon. Germ. SS. II.) Ansigisus abb.
(822—833) Aedificia autem publica ac privata ab ipso coepta et consummata haec
sunt. Imprimis Dormitorium fratrum nobilissimum construi fec. habentem longitudinis pedes 208, lat. vero 27. Porro omnis eius fabrica porrigitur in altitudine pedum 64, cuius muri de calce fortissimo ac viscoso arenaque rufa et
fossili lapideque tofoso ac probato constructi sunt. Habet quoque solarium in
medio sui, pavimento optimo decoratum, cui desuper est laquear nobilissime
picturis ornatum. Continentur in ipsa domo desuper fenestrae vitreae, cunctaque
eius fabrica, excepta maceria, de materie quercuum durabilium condita est,
tegulaeque ipsius universae clavis ferreis affixae. Post quod aedificav. aliam
domum, quae vocatur refectorium, quam ita per medium maceria ad hoc
constructa dividere fec., ut una pars refectorii, altera foret cellarii, de eadem
videl. materie similique mensura sicut et dormitorium; quam variis picturis
decorari fec. in maceria et in laqueari de Madalulfo, egregio pictore Came
racensis ecclesiae, 3am nempe domum egregiam construi fec. quam maio
rem vocant, quae ad orientem versa, ab una fronte contingit dormitorium,
ab altera adhaeret refectorio, ubi cameram et caminatam necnon et alia
plurima edificia mandavit, sed interveniente morte eiusdem, hoc opus ex parte
imperfectum remansit. Haec tria egregia tecta ita constituta sunt: dormitorium
videl. ab una fronte versum est plagae septentrionali, ab altera australi, et
adheret ab ea basilicae S. Petri; refectorium similiter versum est eisdem
plagis et est fere contiguum a parte meridiana absidae bas. S. Petri; porro
illa maior domus, sicut supra diximus, constituta est.
    Aecclesia autem S. Petri a parte meridiana sita est, versa tamen
ad orientem; ipsam etiam a parte occidentali 80 p. in long. ac totidem in
lat. accrevit constructo desuper coenaculo, quam in hon. Dom. Dei et Salv.
nostri Jesu Christi dedicandam fore praeoptabat, sed et ipsum opus praeter
mortem eius tam citam imperfectam remansit. In eadem autem S. Petri bas.
piramidam quadrangulam alt. 35 p. de ligno tornatili compositam, in culmine

turris eiusdem aeccl. conlocari iussit, quam plumbo, stagno et cupro deaurato cooperiri iuss. 3ᵃque ibidem signa posuit; nam antea nimis humile hoc opus erat. Iuss. praeterea aliam condere domum iuxta absidam bas. S. Petri ad plagam septentrionalem quam conventus sive curia, quae grece Beleuterion dicitur, appellari placuit, propter quod in ea consilium de qualibet re perquirentes convenire fratres soliti sint. Ibi namque in pulpito lectio cotidie recitatur; ibi quicquid regularis auctoritas agendum suadet, deliberatur; in qua etiam monumentum nominis sui conlocare iussit, ut dum vitae praesentis terminum daret illic a suis deponeretur. [Item ante dormitorium, refectorium et domum illam, quam maiorem nominavimus porticus honestas cum diversis pogiis edificari iussit, quibus trabes imposuit ac iuxta mensuram eorundem tectorum in longum extendit; in medio autem porticus, quae ante dormitorium sita videtur, domum cartorum constituit.] Domum vero, qua librorum copia conservaretur [quae Grece pyrgiscos dicitur] ante refectorium conlocavit, cuius tegulas ferreis clavis configere iussit.

Beilage 2. Chron. Casin. l. III. (Mon. Germ. SS. VII.) c. 10 Cernens ig. (Desiderius) totius mon. officinas et angustas ambitu et forma deformes, et cum vetustate tum inertia ruinosas, adeo ut et contiguo viderentur omnes domate coopertae et egressus unius ingressui connexus esset alterius; incitabatur quidem animo illos aggredi ad renovandum, sed angebatur iterum quia ut tam arduum inciperet opus, nichil fere pensi habebat. Primo tamen quasi experiri cupiens, si quid valeret, palatium quod dudum Richerius abb. ab orientali parte mon. inchoatum ad solarium usque, perduxerat opere satis decenti perfecit iuxtaque ipsum versus ecclesiam, parvulum quidem sed competentem plane, in qua libri reconderentur aedeculam fabricav. Quod cum sibi prospero eventu cernere obvenisse, domum etiam, in qua abbates, manere consueverant, a fundamentis renovare instituit, quae videl. a septemtrionali parte adhaerens ecclesiae et vilissimis lignorum furculis ab inferioribus sustentata et viminibus ex parte maxima videbatur intexta, adiuncto illi palatio cum absida, quod veteres todericum appellare solebant. Dehinc inspirante ac prosperante Deo Mansionem etiam illam, quae quiescentes fratres diversis prae sui exiguitate solariis continebat, nichilo segnius renovare aggressus est; in latere scil. prioris a meridiano, quam funditus evertere ob claustri spatium disposuerat. Namque propter ipsius montis verticem, cui nulla fere planities inerat, vix in hoc loco parvissimi claustri speciem iuxta absidam eccl. priores effecerant. Perfecta est ig. eadem domus in long. cubitorum 160, in lat. vero c. 24 in alt. autem, propter ipsius montis inaequalitatem diversae, maximae tamen. Quam cum abietinis trabibus pulcherr. contignasset, lateribus cooperuit, diversisque coloribus decoravit. Super haec nichil moratus pari tenore vetus capitulum funditus diruens, novum construxit illudque gipsea urna in giro vitreisque fenestris ac pulchro satis varior. marmorum pavimento decorans, tegulis nichilominus cooperuit, et nimis venusta diversorum colorum varietate depinxit.

C. 26. Anno ig. ordinat. suae IX. divinae autem incarnationis 1066 mense Martio ind. IV., constructa prius iuxta infirmantium domum non satis magna b. Petri bas. . . . . b. Benedicti ecclesiam . . . evertere a fundamentis aggressus est . . . . . . coepit eiusdem bas. fabricam in long. cub. 105, in lat. 43, in alt. autem c. 28. basibusque subpositis columnas desuper 10 a latere uno totidemque ex altero, in cub. 9. erexit, fenestras quoque in superioribus satis amplas in navi quidem 21 in titulo vero 6 longas ac rotundas 4, 2que in absida mediam instituit. Porticus etiam utriusque parietes in alt. c. 15 subrigens, fenestris hinc 10 totidemque iure distinxit. Aditum (adyton) interea cum planitiei basilicae quae cub. ferme 6 putatur, consequenter disponeret coaequare . . . subito b. Benedicti tumulum repperit. Inde . . . eundem tumulum eodem quo situs fuerat loco, pretiosis lapidibus reoperuit ac super ipsum arcam de Parlo marmore per transversam bas., i. e. a septentrione in meridiem, 5 per longum cub. opere nimis pulcro construx. Hoc itaque modo aditus ipse in eminentia priori permansit, ita ut a pavimento ipsius usque ad pav. basilicae 8 gradibus descendatur, sub fornice scil. maximo, qui eidem adito imminet. Porro in absida maiori ad orient. plagam statuit altarium b. Johannis B. , . . . a parte vero merid. alt. b. Dei gen. Mariae, a Septentr. autem alt. b. papae Gregorii. Iuxta cuius absidam, bicameratam domum ad thesaurum ecclesiast. ministerii recondendum extrux. quae videl. domus secretarium consuet. appellatur eique eiusdem nichilominus operis alteram in qua ministri altaris preparari debeant, copulav. . . . . . secus ipsam vero iuxta porticum scil. principalis eccl. b. Nycolai curbato pariete brevem quidem, sed pulchrum admodum fundav. aedeculam; ab ipsa autem usque ad extimam eccl. frontem, venerabile satis b. Bartholomei ap. oratorium opere pari porrex. In eius etiam fronte prope valvas maioris eccl. de quadratis et maximis saxis mirificam arcem quae vulgo campanarium nuncupatur, erexit. Fec. et atrium ante eccl. quod nos Romana consult. paradysum vocitamus, long. cub. 77 ac semis lat. 57½, alt. vero 15½, 4 et totidem in geminis frontibus, 8 autem et 8 per latera singula super quadrifidas bases habentes columnas. In cuius etiam merid. latere cisternam max. tantundem long. habens, arcuato opere sub eiusdem pavimento atrii fabricav. Ante ingressum vero bas. nec non et ante introitum atrii 5 desuper fornices, quos spiculos dicimus, volvit. In occid. porro atrii parte in singulis cornibus singulas basilicas modo turrium valde pulchras erexit, in dextro quidem S. archang. Michaelis, in laevo autem b. ap. princ. Petri, ad quos videl. interius ab atrio 5 gradib. est ascensus. Iam vero extra atrii vestibulum easdemque bas. quoniam clivosus valde et nimis arduus erat ascensus, montem ipsum 66 per long. totidemque per lat. 7 vero in alt. cub. excavavit, adeo ut ab imo usque ad ipsum vestibulum atrii 24 marmor. gradibus quos ibi constituit, ascendatur, habentibus in spatio lat. c. 36.

C. 33. Desiderius . . . . primo quidem claustrum quod tantae congreg. permodicum adhuc esse constabat, ampliare desiderans, everso mox vetere refectorio, quod satis enormiter a latere templo, a fronte vero capitulo inhaerebat quodque ipse etiam dudum bis tempore diverso adauxerat, in ulteriori illud parte futuri claustri, iuxta merid. sc. atrii ecclesiae latus decorum valde satisque magnum extrux, diversisque totum coloribus pictorum artificio compsit et laqueari adposito trabibus tegulis desuper cooperuit. Legivum quoque perpulchrum et eminens in eo constituit, quod valde decenter gipso vestitum cunctis spectabile reddidit. Cuius vid. domus long. in c. 95 extenditur, lat. in 23 porrigitur, in 15 vero alt. sustollitur, ab orient. parte habens ingressum, ab occid. vero absidam, ante quam profecto ampla satis abbatis mensa ex transverso cernitur constituta. Habet autem a latere merid. fenestras 14, a septentr. vero 2 tantum, 2 quoque rotundas in frontibus sing. et circa pulpitum 3, omnes vitro, gipso ac plumbo insigniter laboratas. Iuxta eandem quoque domum ab austr. parte, coquinam fratrum in 2 invicem connexis fornicibus, quos una tantum columna sustentat, erexit; interque ipsam et refectorium, gradus ad ianuam unde quaeque necessaria in idem refect. sive conferuntur sive referantur constituit. Ex altera vero ipsius coquinae parte cellarium strux. ex quo vid. tam refect. quam coquinae quaelibet debeant necessaria tribui. Post haec cum necdum sufficiens sibi ad tantam fratrum multitud. claustri spatium videretur vir certe magnanimus et multae fiduciae dormitor. et capitulum, quae dudum ipsemet . . . fabricaverat, nec non et veterem infirmantium domum ex integro est aggressus evertere et claustri ampliandi occasione eandem quoque domus ampliores, efficere. Quoniam ig. exteriorem dormitorii murum porro longe ab altero in magno montis praecipitio statueb, erigere, 5 crossam cub. maceriam in fundam. maximae firmitatis gratia iaciens, eam in 200 spatio c. per longum, extend. in alt. autem c. 30 erex. 24 c. in lat. a muro interiori distantem. Quae vid. domus. . . est et fabrorum peritia lateribus tecta et artificio pictorum colorib. decorata; habens a merid. tantum fenestras amplas 20 e quibus 3 max. 3bus columnellis marmor, fulciuntur. Iuxta quam etiam in ulteriori capite ipsius vestiarium fratrum, parvum quidem sed satis competens pulchramque construx. His omnibus triennio circ. consummatis montem e vestigio qui interiacebat, suffodere aggressus est, per long. sc. cubitis 105, per lat. autem 49, per alt. vero circ. 10, sicque capituli aedem ab orient. parte per transversum constit, ut interior eius frontispicii angulus angulo exteriori bas. sit connexus, absida vero ipsius appropiare dormitorio videatur. Cuius vid. long. aedis c. 53, lat. 20. alt. autem 18 habetur; habet autem a latere uno fenestr. vitreas speciosissimas 9, ab altero totidem, a frontispicio aquilon. 3 rotundas, ab austr. 2 aeque rot.; laqueari et pavimenta seo picturis pulcher. sufficientissime decorata . . . . Verum quon. ingens praecipitium ab interiori dormitorii parte remanserat, erectis secus domum eandem cameris et terra saxisque cetera replens iniectis, itemque ante refect. in fronte vid. claustri curva nihilom. camera cisternam max. fabricans, ita demum totius claustri superficiem coaequavit. Mox itaque arcus per girum deambulatorios super 110 marm.

columncllas instituens, claustrum omne in long. c. 86, in lat. 66. porrex.
Cuius quia ea pars quae bas. erat contigua, si ceteris coaequaretur, non aptus
in eandem bas. esset ingressus, subtus idem et super deambulatorios fornices
fec. et in eius utrisque angulis marm. gradus, quibus in cetera descenderetur,
instituit, a capitulo quid. 15, a refect. vero 13, totumque in circuitu et lapideis
pavimentis bizantei artificii strav. et picturis pulcherr. compsit. Nichil hoc
moratus expleto, solarium palatii illius quod a Richerio coeptum ipse per-
fecerat, ab eminentia priori ad planitiem claustri deposuit, atque inibi cum
balneo et ceteris oportunitatibus infirm. fratrum quietem constituit. Porro ab
occid. parte claustri iuxta refect. vid. fratrum cellam noviciorum satis
competenter aptav. in qua profecto iuxta regulare institutum et meditari et
quiescere et comedere novicii ipsi deberent. His . . . perfectis ad exteriora
nichilom. aedificia mon. reficienda impiger se ac fortis accingit. Ab occ. ig.
parte primum maceriam firmiss. erigens, portam 30 circ. cub. extra veterem
de quadratis et sectis lapidib. statuit, supra quam turrim fortiss. in 4 magnis
columnis erectam ingenti camera confirmav. Verum cum deforis praecipitium
pateret immensum, tumulus vero abintus magnus existeret, eo defosso praecip.
illud saxis eius et terra clivoso lic. tramite pervium fec. sicque demum hinc
inde muro contiguo ac propugnaculis civitat. more munito universum mon,
circumsepsit. Dehinc extra praedict. portam iuxta clivum scil. quo ad eandem
portam ascenditur Xenodochium max. ad susceptionem peregrinor. cum
universis suis oportunitatibus fabricav. Domum vero illam quae non com-
petenti loco prope bas. a parte aquilon. ad xenodochium olim constructa fuerat,
ampliorem et pulchrior. reficiens ad hospitum nichilom. receptionem aptav.
ac in utriusque ipsis receptionum domib. et lectos et quaeque necess. abundan-
tissime apparavit. Pistrinum quoque ex eadem parte haud longe a gradib.
atrii adeo amplum pulchrumque construx., ut plerique adventantium ignorantes
quasi ad eccl. aliquam oraturi saepissime sint profecti.

Annis item post ista 8 et 9 insuper ac 70 dieb. exactis anno scil inc.
dom. 1094, ind. II, m. Jan. die 30. II. feria dedicata est eccl. b. Andreae ap.
. . . iubente . . . abb. Oderisio, qui eandem bas. a fund. extruxerat, ab orient.
parte maioris eccl. inter absidam vid. ipsius et domum infirmor., habens
cimiterium fratrum a latere dextro, a sinistro vero claustrum lic. parvulum
tamen pulcherr. . . . Est autem praed. bas. instituta ad utilitatem infirmor.
fratrum, lignis quid. et tegulis firmiss. contignata, fenestris vitreis optime
decorata, diversis sanctor. historiis pulchra color. varietate depicta, pavimento
quoque multimoda incisione marmorum artificiose constructa.

L. IV. c. 3 (Oderisius) exorsus . . . evertere ipsam infirmor.
domum. In declivo ig. montis latere domum illam constituens, in spatio
cub. — extendit, in lat. — in alt — erexit. . . . In cuius capite perpulchrum
abbatis cameram constituit, iuxta quam etiam eccl. S. Andreae ap. in long.
c. — lat. — alt. — construx . . . . Circuitus etiam chori magnis 2 marmorum tabulis sepsit. Fenestras preterea in absida 2, in frontispicio — ab

uno latere — ab alt. totidem instituit. Quae vid. eccl. ab uno capite absidae
SS. P. Benedicti, ab altero haeret domui infirmor. Iuxta eiusdem vero eccl.
frontem cisternam arcuato opere fabricav. a septemtrion. porro eiusdem eccl.
parte cimiterium in long. c. — lat. — alt. — construens, lateribus
cooperuit; iuxta infirmor. vero domum ab iuteriori parte coquinam ac
balneum atque cisternam opere perpulchro extrux. Claustrum quoque infirmor. inibi super — marm. columnellas erigens et picturis decoravit et
tegulis texit . . . circa atrium maior. eccl. palatium, in quo nobiles viri
quique hospitarentur, in long. c. — lat. — alt. — fabricav. . . . iuxta quod
cisternam arcuato opere patrari mandavit.

Beilage 3. Sidon. Apollinar. Epp. II, 2 ad L. Domitium (Migne, Patrol.
Lat. 58). Avitaci sumus, nomen hoc praedio quod quia uxorium, patrio mihi
dulcius. . . . Sed donec domicilio competens vestibuli campus aperitur, mediani
vallem rectis tractibus prosequautur latera clivorum, usque in marginem villae
quae In Boream Austrumque conversis frontibus tenditur. Balneum ab
Africo radicib nemorosae rupis adhaerescit; et si caedua per iugum silva
truncetur, in ora fornacis lapsu velat spontaneo deciduis struibus impingitur.
Hinc aquarum surgit cella coctilium, quae consequenti unguentariae spatii
parilitate conquadrat excepto solii capacis hemicyclio; ubi et vis ferventis
undae per parietem foraminatum flexilis plumbi meatibus implicita singultat.
Intra conclave succensum solidus dies et haec abundantia lucis inclusae, ut
verecundos quosque compellat aliquis se plus putare quam nudos. Hinc frigi-
daria dilatatur, quae piscinas publicis operibus extructas non impudenter
aemularetur; primum tecti apice in conum cacuminato, cum ab angulis quadri-
faria concurrentia dorsa cristarum tegulis interiacentibus imbricarentur, ipsa
vero convenientibus mensuris exactiss. spatiositate quadratur, ita ut ministe-
riorum sexc non impediente famulatus tot possit recipere sellas quot solii sigma
personas Fenestras e regione conditor binas confinio camerae pendentis ad-
movit, ut suspicientum visui fabrefactum lacunar aperiret. Interior parietum
facies solo laevigati caementi candore contenta est Non hic per nudam pictorum corporum pulchritudinem turpis prostat historia, quae sicut ornat artem,
sic devenustat artificem. Absunt ridiculi vestitu et vultibus histriones, pig-
mentis multicoloribus Philistionis suppelectilem mentientes. Absunt lubrici,
tortuosique pugillatu et nexibus palaestritae, quorum etiam viventum luctas, si
involvantur obscenius, cassa confestim gymnasiarchorum virga dissolvit. Quid
plura? nihil illis paginis inpressum reperietur, quod non vidisse sit sanctius.
Pauci tamen versiculi lectorem adventitium remorabuntur, minime improbo
temperamento, quia eos nec relegisse desiderio est, nec perlegisse gassidio.
Jam si marmora inquiras non illic quidem Paros, Carystos, Procounissos,
Phryges, Numidae, Spartiatae, rupium variatarum crustas neque per
scopulos Aethiopicos, et abrupta purpurea genuino fucata conchylio, sparsum
mihi saxa furfurem mentiuntur. Sed etsi nullo peregrinarum cautium rigore
vitamur, habent tamen tuguria seu mapalia nostra civicum frigus, quin potius

quid habeamus quam quid non babeamus ausculta. Huic basilicae appendix piscina forinsecus seu si graecari mavimus, baptisterium ab Oriente connectitur quod 20 circa modiorum millia capit. Huc elutis e calore venientibus triplex medii parietis aditus per arcuata intervalla reseratur; nec pilae sunt mediae, sed columnae, quos architecti peritiores edificior, purpuras nuncupavere. In hanc ergo piscinam fluentum de supercilio montis ellicitum, canalibusque circumactis per exteriora natatoriae latera curvatum et 6 fistulae prominentes leonum simulatis capitibus effundunt: quae temere ingressis veras dentium crates, meras oculorum furores, certas cervicum iubas imaginabuntur, hic si dominum seu domestica seu hospitalis turba circumstet, quia prae strepitu caduci fluminis, mutuae vocum vices minus intelliguntur, in aurem sibi populus confabulatur: ita sonita pressus alieno ridiculum affectat publicus sermo secretum. Hinc egressus frons triclinii matronalis effertur; cui continuatur vicinante textrino cella pennaria, discriminata tantum pariete castrensi. Ab ortu lacum porticus intuetur, magis rotundatis fulsa collyriis, quam columnis invidiosa monubilibus. A parte vestibuli longitudo tecta interius patet, mediis non interpellata parietibus, quae quia nihil ipsa prospectat, etsi non hypodromus saltim cryptoporticus meo mihi iure vocitabitur. haec tamen aliquid spatio suo in extimo deambulacri capite defrudans, efficit membrum bene frigidum, ubi publico lectisternio extructo, clientarum sive nutricum loquacissimus chorus receptui canit, cum ego meique dormitorium cubiculum petierimus. A cryptoporticu in hiemale triclinium venitur, quod arcuatili camino saepe ignis animatus pulla fuligine infecit . . . . Ex hoc triclinio fit in diaeta sive coenatiuncula transitus, cui fere totus lacus, quaeque tota lacui patet. In hac stibadium et nitens abacus; in quorum aream sive suggestum, a subicta porticu sensim, non breviatis angustatisque gradib. ascenditur, quo loci recumbens, si quid inter edendum, vacas, prospiciendi voluptatibus occuparis . . . . Edulibus terminatis excipiet te diversorium, quia minime aestuosum, max. aestivum. Nam per hoc, quod in aquilonem solem patescit, habet diem, non habet solem interiecto consistorio perangusto, ubi somnolentiae cubiculariorum dormitandi potius quam dormiendi locus est . . . . Porticibus egresso, si portum littoris petas in area virenti, vulgare quamquam non procul nemus . . . . in cuius opacitate cum me meus Ecdicius illustrat, pilae vacamus.

REGISTER.

Cb. Reinaer & M. Werthmer.

Fig. 1.

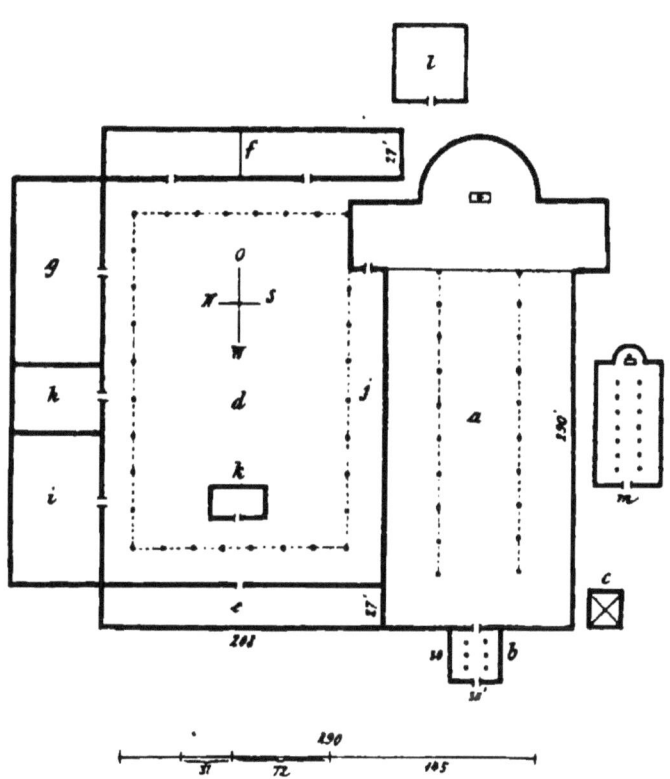

Reconstruction des Grundrisses von Fontanella.

a S. Peter. *b* Vorhalle. *c* Thurm. *d* claustrum. *e* Dormitorium. *f* Refectorium und
Cellarium. *g—i* Domus maior mit camera und caminata. *j* Capitel. *k* Archiv.
l Bibliothek. *m* S. Servatiuskirche.

Dr. J. v. Schlosser.

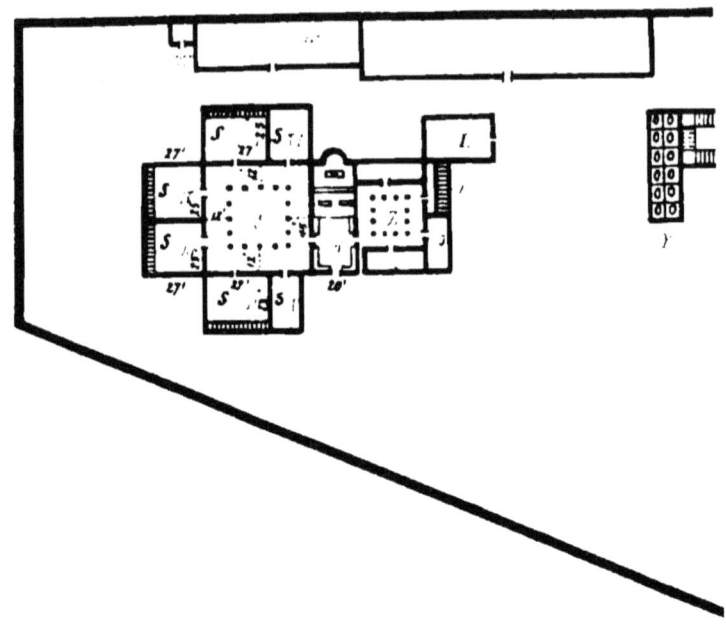

Reconstruction des Grundrisses von Farfa (Cluny).

A Basilica. *B* Capitel *C* Auditorium. *D* Camera. *E* Dormitorium. *F* Latrine. *G* Calefactorium. fectorium. *I* Küche der Regularen. *K* Cellarium. *L* Aelemosynarinm. *M* Galilaea. *N* Thürme Façade. *O* Atrium. *P* Sacristei. *Q* Thurm (Campanile?). *R* Spitalkirche S. Maria. *S* Spital-Kre-*T* Pfalz. *J* Laienküche. *U* Schneiderhaus. *V* Laienfriedhof. *W* Stallungen. *X* Hospiz. *Y* Ba *Z* Schul-Kreuzgang. 1—4 Novizenzellen. *a1*—*af1* Krankenzellen. I. Atelier der Künstler. II. schaftsgebäude unbekannter Bestimmung. III. Bäckerei. IV. Thurm. V. Thore des Klosters. VI. Kreuzgang.

Fig 2.

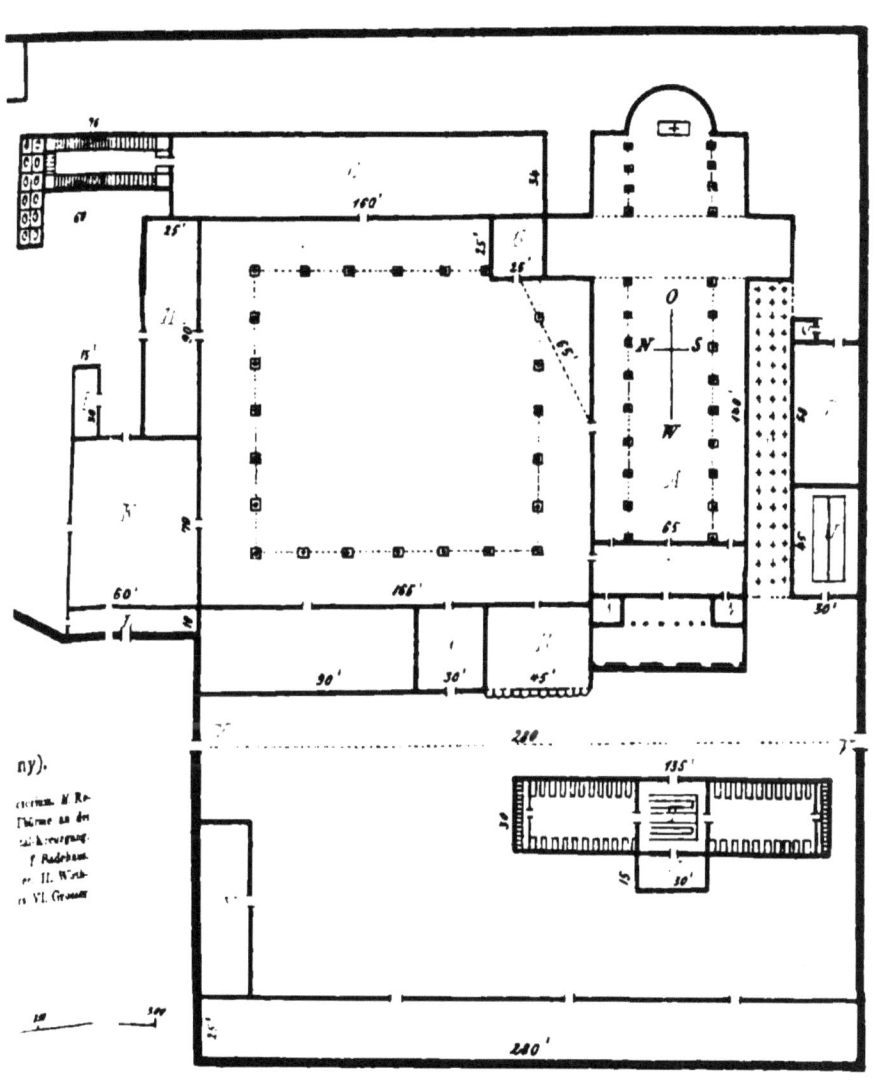

Dr. J. v. Schlosser.

Fig. 8.

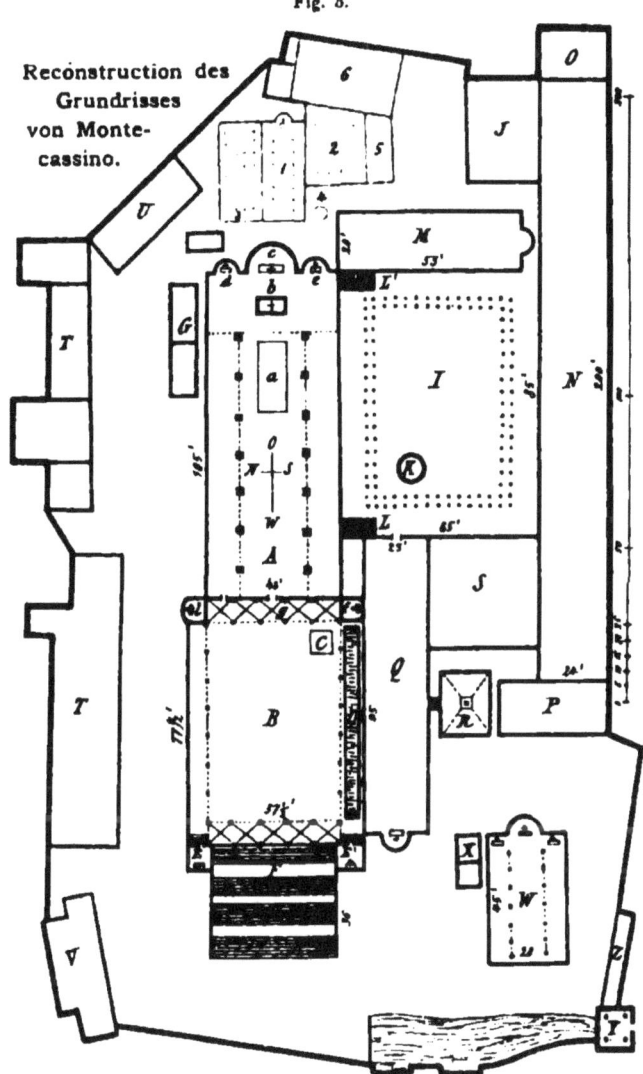

Reconstruction des Grundrisses von Monte-cassino.

Bauten des Desiderius.

A S. Benedict. a Chor. b Krypta. c Altar des Täufers. d S. Gregors M. e der Jungfrau. f Capelle S. Bartholomäus. f' S. Nicolaus. g Vestibulum ecclesiae. g' Vestibulum atrii. H Atrium. C Campanile. D Cisterne. E S. Michael. E' S. Petrus. F Treppe. G Sacristei. H Bibliothek. I claustrum. J Altes Infirmar. K Cisterne. LL' Treppen. M Capitel. N Dormitorium. O Vestiarium. P Cellarium. Q Refectorium. R Küche. S Novizenzelle. T Gastwohnungen. U Palatium Richers. V Backhaus. W S. Martin. X Sacristei. Y Thorthurm. Z Xenodochium.

Bauten des Oderisius.